幸福実現党宣言③

# 政治に勇気を

# まえがき

国難《こくなん》来たれり。日増しにその感覚が強くなってくる。不況対策に泣き言を言い、北朝鮮の核ミサイルの恐怖にお手上げ状態の政府。日本の最後の命綱《いのちづな》である日米安保条約をすぐにでも投げ捨て、北朝鮮に白旗を揚げそうな民主党に政権をとらせたがるマスコミ。

マスコミが実は談合《だんごう》状態で、もう一つの「現代の官僚制《かんりょうせい》」と化《か》していることを知らされていない国民。

「信教の自由」とは名ばかりで、宗教は本質的に悪であると考えている、隠れマルキスト支配層。まことに、まことに、情けない限りである。

今こそ、政治に勇気を。そして政治家に気概《きがい》を。

幸福維新《こうふくいしん》が既《すで》に始まっているのだ。

二〇〇九年　七月

国師《こくし》　大川隆法《おおかわりゅうほう》

# 政治に勇気を　目次

## 第1章　職業としての政治について

## 第2章　諸葛亮孔明《しょかつりょうこうめい》の提言

# 第3章　迫《せま》り来る国難に備えよ

## 第4章　勇気の試《ため》される時

# 第5章　未来への道

# 第1章

# 職業としての政治について

## 1　職業の目的に合った生活や活動、人生観がある

本章では、「職業としての政治について」というテーマで述べていきます。

幸福の科学を母体とする幸福実現党（二〇〇九年五月立党）は、次の衆議院議員選挙で、初めて政治家を世に出そうとしています。

私は、これまで、宗教家としての心構えや生き方は、縷々《るる》、説いてきましたが、「政治家は、どうすればよいのか」という点については、参考意見を外部の政治家に対して述べたことがある程度でした。

「政治家になるに当たり、どういう心構えを持てばよいのか。政治家とは、どのような職業であり、どのようにやっていけばよいのか」ということに関する考

え方は、当会の教えのなかで、まだ十分ではないように思います。

そこで、本章では、宗教と政治の違《ちが》いも背景に含《ふく》めながら、「職業としての宗教人（宗教家）と、職業としての政治人（政治家）とは、どう違うべきなのか。考え方をどう変えるべきなのか」ということを述べていきたいと思います。これを認識しておかないと、これからの具体的活動において、難しいものがあると思うのです。

では、根本的に、いったい何が違うのでしょうか。

やはり、「職業の違い」というものには決定的なところがあるかもしれません。職業には、それぞれの目的があります。したがって、その目的に合った生活なり、活動なり、基本的な人生観なりがあるべきです。ここのところが、今、問われていると思うのです。

## 2　現代の日本における政治状況《じょうきょう》

### マスコミの報道には経営陣《じん》の判断が加わっている

今年《ことし》の五月二十七日に、幸福実現党は都内のホテルで立党大会を大々的に行いました。私は、その内容をＤＶＤで見ましたが、壇上《だんじょう》で発言した人たちは、中身のある話をしていました。

ただ、その場には数多くの報道陣《じん》も来ていたのですが、その発言内容については、ほとんど報道はなされなくて、実際に活字や映像になった部分は、どちらかといえば芸能ネタに近いあたりから出ています。

だいたい、そういうものでしょう。宗教が新しく政治のほうに進出しても、まともに取り上げてくれるのは、初めはスポーツ紙や週刊誌あたりであり、大手の新聞やテレビ局などが大きく扱《あつか》うようになるまでには、そう簡単にはいかないのです。

必ずしも、現場に取材に来ている人たちが判断して、そうなっているわけではありません。今はマスコミ各社もかなり大きな企業体《きぎょうたい》になっています。新聞社であれば、取材記者の上にデスクがおり、さらに編集委員などがいて、そのあと経営陣等の判断が加わります。そのため、現場で見たものや聞いたもの、感じたものを、そのまま報道できるかといえば、そうではないのです。

現場で見たものなどをそのまま報道できるのは、ほとんど主観性が入らないものの場合です。交通事故や殺人事件など、現に目に見えて、誰《だれ》が見ても同じように見えるようなものについては、リアルに報道できます。

しかし、「一定の価値判断を含《ふく》んだものを、活字や電波を通じて全国の大勢の人に伝える」ということは、一記者ないし一レポーターの判断力や権限を超《こ》えています。そのため、経営陣の判断が必ずそこに加わるわけです。

ラッセル・クロウ主演の映画「消されたヘッドライン」のように、経営陣と対立してでも、単独で頑張《がんば》り、真実を求め、それを報道しようとする新聞記者は、映画のなかでは存在しても、現実は、やはり、マスコミもサラリーマン社会であり、下の人は上司の命令に忠実にやるしかありません。悪く言えば、マスコミもまた完璧《かんぺき》に〝官僚制《かんりょうせい》〟になっていて、現場の記者などの自由にはならないようになっているのです。

そういうことを十分に認識しなくてはならないと思います。

## 内容が空疎《くうそ》だった「麻生《あそう》対鳩山《はとやま》」の党首討論

幸福実現党の立党大会が終わったあとの時間帯に、ＮＨＫで国会中継《ちゅうけい》があり、

「自民党の麻生《あそう》総裁」対「民主党の鳩山《はとやま》代表」の一回目の党首討論が、予定時間の四十五分をオーバーして四十九分ぐらい放送され、私も見ました。また、それは、その日の夜にも各局がニュース等で流していました。

内容を見るかぎり、その討論は空疎《くうそ》なものであり、決して、高い視聴率《しちょうりつ》の取れるような、中身のある議論ではなかったと思います。むしろ、幸福実現党の立党大会で発表された意見のほうに、興味深いものが数多くあって、その内容には斬新《ざんしん》なものがありました。

党首討論のほうは、相も変わらず、本来の政治家の言葉ではなく、官僚答弁にも似たような言葉を使っていました。そして、〝細かい引っかけ〟に対する防衛をしながら時間を潰《つぶ》すような議論を、五十分ほどしていたのです。私は、それぞれの発言を分析《ぶんせき》しながら見ていたわけです。

野党である民主党の鳩山代表は、最初、祖父・鳩山一郎の精神である「友愛精神」に少し言及《げんきゅう》し、理念的なことから話を切り出したのですが、彼がその友愛精神を説いているとき、私はマインド・リーディングに入って、彼が考えていることの奥《おく》まで読んでいったところ、「これは、幸福の科学に協力してほしいと言っているのだ」と感じました。

彼は、「自民党をしっかりと崩壊《ほうかい》させ、友愛の部分で幸福の科学と何とかくっつけば、どうにかなるのではないか」ということを考えているようです。ある意味で、隠《かく》れたエールを最初から送ってきたように見えました。

それから、主たる論点として、西松《にしまつ》建設の違法献金《いほうけんきん》事件に関し、〝検察ファッショ〟のところもかなり言っていたのですが、この辺も、当会の好みそうな話題と見て言っているようには見えました。

私は、鳩山氏の発言から、そのような意図を感じたのです。「幸福実現党が立党することによって、自民党が大敗し、民主党が大勝する」というような利害を計算しているところがあったのではないかと思います。

一方、麻生首相のほうは、主として、「小沢一郎《おざわいちろう》氏の疑惑《ぎわく》についてて国民にきちんと説明されていないし、彼は筆頭の代表代行で残り、その実力を隠《かく》さずに、まだ党内で権力を振《ふ》るっている。こんなことで国民は納得しない」というようなことを述べ、その部分を一生懸命《いっしょうけんめい》に攻めていました。小沢氏が、突《つ》っ込《こ》まれたくないので党首討論を避けていた論点を鳩山氏にぶつけ、ここを攻めていました。

鳩山氏のほうの攻撃《こうげき》の論点は、主として、官僚制への批判というか、「肥大化した官僚制によって、もはや、がんじがらめになっており、自民党政治なるものは機能していない」というようなものでした。

その口火を切ったのは、「検察が選挙の直前になって小沢氏の秘書を逮捕《たいほ》したことから分かるように、これは明らかに国策捜査《そうさ》である。なぜなら、同じようなことを、与党《よとう》である自民党の議員がやっても、検察は動かないではないか。明らかに政治的な中立性は失われている。こういうことでは民主的な政権交代ができないではないか」というような話であり、そういう議論を延々としていました。

その討論で、どちらが勝ったか、報道では意見が割れており、「引き分けだった。互角《ごかく》だった」「首相側が凌《しの》ぎ切った。大人の態度だった」など、いろいろな言い方がされていて、評価が特に定まっているわけではありませんが、私の見方を簡単に言えば、「五十分もやるほどの内容ではなかった」と思います。

## 今の国会は議員の審議《しんぎ》が有効に機能しているか疑問

また、党首討論の際、後ろにいる国会議員たちの野次の汚《きたな》さは、本当に情けないレベルであったと思います。あれは闘犬《とうけん》や闘鶏《とうけい》の見物客のレベルです。闘犬や闘鶏を行うと、だいたい、あのような感じの野次が後ろから飛ぶのです。「あれが国会議員か」と思うと、がっかりしてしまいます。

選挙で国会議員に選ばれても、一年生議員の場合、まず野次係から始まります。議場の一列目などに並んで、野党なら与党の、与党なら野党の代表者が話をするときに野次を飛ばす係がいて、一年生議員がそれを担当しています。会社では、新入社員が雑用をし、〝雑巾《ぞうきん》がけ〟をするように、国会議員の一年生は、野次を飛ばすことから練習が始まるわけです。

そのあとは、だいたい役所回りをします。「国会で、どのような質問をしたらよいのか」という、国会での質問内容を聞いて回るのが仕事なのです。「ついでに答えも聞いてこい」と言われ、質問と答えを聞くのが若手議員の仕事であり、彼らは主として使い走りの仕事をしているようです。

国会という、政治家といわれる人たちの世界においても、現実には、一般《いっぱん》社会と同じように、徒弟レベルからの年功序列になっています。そして、誰《だれ》しも、そのなかで出世街道の階梯《かいてい》を上がっていくことに専念しており、それ以外のことには、あまり関心を示さないものなのです。

彼らにとっては、そのなかで、「いかにして自分が安泰《あんたい》となり、職業として政治家を続けていくことができるか」ということが最大の関心事です。五回ぐらい当選すると、選挙地盤《じばん》が固まり、ある程度、政策等について考えられるようになってはくるのですが、「最初のころには、議席を守ることが精いっぱいで、選挙運動にしか頭が行かない」という人が、多いことは多いのです。

その意味では、「国会における議員の審議《しんぎ》等が有効に機能しているかどうか」というと、はなはだ疑問です。基本的には、「各党が選挙で獲得《かくとく》した議員による多数決によって法を成立させる」という機能が中心になっているのではないかと思います。

日本は、国民による直接民主制をしているわけではなく、議員という代表を選んでの間接民主制というかたちです。国民は間接的に政治参加をしているわけです。そのため、「選んだ議員が、いったい、どういう政策を行うのか。ある法案に、賛成するのか、反対するのか」ということなどが、選挙民には、なかなか分からない状況《じょうきょう》ではあります。

ただ、次の選挙のときに、「在任中、評判がよかったか、悪かったか。人気があったか、なかったか」というようなことで当選・落選があり、〝通信簿《つうしんぼ》〟が出るのです。

## 政治家は政治活動より選挙対策にエネルギーを取られている

民主主義の最大の弱点は、「選挙で数多くの票を獲得しなくてはいけないので、基本的に、お金のばらまき型の政治になる」ということです。

だいたい、民主主義国は、「財政赤字になっていく」という悪弊《あくへい》から、なかなか抜《ぬ》けることができません。要するに、「お金をばらまけば票になる」ということです。こういう悪弊が一つあります。

また、「選挙にお金がかかりすぎる」という悪弊もあります。

一回の選挙に、普通《ふつう》であれば億単位のお金がかかるようになり、とても割に合わないため、普通の人は選挙に出られないレベルになっています。

もちろん、これは、立候補者の人数を制限することには役立っているかもしれません。普通のサラリーマンであっても、誰もがみな立候補できるようになったら、いったい何万人が立候補するか分からず、大変なことになるかもしれないので、ある程度、選挙にお金がかかることには、立候補者の数を制限する効果はあるのかもしれません。

しかし、それは、「新しくチャンスを手にするのは、とても難しい」ということでもあります。

このなかにあって、「正論を、自分が正しいと信じることのみを述べて、政治家を続けることができる」と思っている人が、いったい何パーセントぐらいいるかというと、かなり少ないだろうと思われます。

「〝装置〟としての政党と、その構成員としての自分の位置を守り、職業を守る」ということに大部分のエネルギーが費《つい》やされています。

そして、「真実、国民のことや国家のこと、あるいは世界のことを考えて活動している政治家が、どれだけいるか」と言われると、はなはだ心もとない状況なのです。

あえて、それに近いものを挙げるとすれば、それこそ、今、問題になっている世襲《せしゅう》議員です。「父親や祖父、あるいは、その前の代から地盤が固まっていて、選挙で落選する心配がなく、ほかの者が新規に参入することが、ほぼ不可能」というような人だけなのです。

羊羹《ようかん》の老舗《しにせ》である「とらや」のように、その業界でずいぶん長く頑張っているところには、ほかの羊羹屋が参入したところで、とても勝てません。

同じように、選挙でも、のれんを守っているような人は落ちにくいので、そういう人は、ある程度、余力が生じて、政治家として安心して活動ができ、中枢《ちゅうすう》に入りやすいのです。そういう現象が現実には起きています。

それはそれでよいのです。選挙に使うエネルギーが少なく、エネルギーや考える時間などを国政に使えるのは、よいことなのです。ただ、議員の世襲には、本来の民主主義の精神からは、若干《じゃっかん》、外れているものがあるわけです。

民主主義においては、多様な人たちに、政治参加の自由と挑戦《ちょうせん》するチャンスが保障され、そのときどきにおいて、新しい時代の精神を反映し、「新しい政治」を形成していかなければなりません。しかし、ここで述べたように、「伝統的な和菓子《わがし》の店のようなかたちでなければ、政治ができない」というようなことになっているのは、非常にさみしいことであると思います。

# 3　宗教政党の持つ「強み」とは

## 宗教政党は、正論が言え、政策中心で動ける

そのような政治状況《じょうきょう》において、当会のような宗教団体をバックにして政党ができることは、どのような意味を持つのでしょうか。

そういう政党の人は、ある意味で、利害に関係なく正論が言えます。たとえ落選をしても、それで人生が終わりではなく、また、多額のお金を個人的に使わなければ当選できないというわけでもないのです。

「一定の組織がバックに付いている」ということは、悪く言われがちではあるのですが、「政策中心の考え方で安定して動ける」という強みはあると思います。

また、「いろいろなところに関するしがらみがない」という意味でも、強いところがあると思うのです。

幸福の科学は、以前から、教育改革の一環《いっかん》として、いじめの問題に取り組んでいるのですが、そのなかで、ある人から、「この問題を解決できるのは、宗教団体以外には、もう、ないでしょう」と言われました。

「政治家といっても、誰《だれ》しも、家族や親族に、必ずと言ってよいほど教職員がいる。教職員の組合は強力な力を持っていて、政治的な圧力団体になっている。教育の問題で政治家に何か言っても、この圧力団体があるので、そう簡単には動いてくれず、問題の解決はしてくれない。怖《こわ》くないというか、命知らずでやれるのは、宗教ぐらいしかないだろう」という、妙《みょう》な褒《ほ》め方をされたことがあるのです。

宗教団体には、そういう意味での強さはあるかもしれません。「この世的な権益や利益などにとらわれず、正しいことを純粋《じゅんすい》に押《お》していくだけの強さが発揮できる」という強みがあるのです。その意味では、「一定の組織が後ろ盾《だて》になっている」ということは、ありがたいことではあると思います。

そして、「その宗教の評判がよいか悪いか」というようなことが、「選挙において、浮動票《ふどうひょう》が入るかどうか」ということに影響《えいきょう》してくるでしょう。

したがって、宗教団体が政治に参加することのよし悪しは、一般《いっぱん》の人たちにも、ある程度、判断ができるのではないかと思うのです。

巨大《きょだい》宗教はたくさんあり、それぞれ、候補者を立てようとすれば、できないことはないと思いますが、そのときに、「一般の人たちの賛同が得られるかどうか。また、政治家としての見識や政策立案能力等があるかどうか」というところが、おそらくは問われるでしょう。

## 日本を宗教が尊敬される「信仰《しんこう》国家」に

今、幸福の科学も、この世の世界のところを、一生懸命《いっしょうけんめい》に耕し始めています。

日本は、「このままでよいのか」ということが問われています。「日本は夢の国である」と私は過去に何度も述べました。確かに、ほかの国から見れば日本は夢の国ではありますが、「いや、日本のなかにおいてもまた、夢があってもよい。次の夢があって当然ではないか」ということが問われていると思うのです。

結局、今の日本で、どうしても改善しなければいけない最大のものは、宗教を尊敬しない気風です。日本では、戦後、宗教を卑《いや》しんだり蔑《さげす》んだりする気風が長く続いています。これを改善したいのです。

この夢の国を、本当の、もっと夢のある国にするためには、もっと「尊厳のある国」にしなければいけません。尊厳のある国とは何でしょうか。

人間社会は基本的に動物の世界よりは進化していますが、しょせん、人間界は人間界であり、人間界以上のものではありません。そこで、「もう一段、崇高《すうこう》なるもの、理想的なるものを目指す気持ちが、国民のなかになければならない」と思うのです。

その意味では、本当は、「信仰《しんこう》というものを公然とばかにしたりすると顰蹙《ひんしゅく》を買う」ということが常識になって当然なのです。「信仰を持っている」と言うと、からかいや、いじめの対象になったり、嘲笑《あざわら》われたりするような「常識」、そういう〝かっこ付きの常識〟は粉砕《ふんさい》していかなければならないのです。

宗教が尊敬される国家、ある意味での信仰国家をつくっていくこと、あるいは、そういう国家につくり変えていくことが、宗教が政治に踏《ふ》み出していく上においては大事なことであると思います。

## 4 「マスコミ権力」と「官僚《かんりょう》権力」

### 現実的には第一権力となったマスコミ

日本の現実の政治そのものを見てみると、問題は多々あります。

私は、『幸福実現党宣言』（幸福の科学出版刊）などの著書で、日本国憲法についての話も幾《いく》つか述べました。

近代の政治においては、権力が集中しすぎないようにするため、「立法」「行政」「司法」による「三権分立」が多くの国で採用されています。

法律をつくる「立法」。それを執行《しっこう》し、実際の政治・行政を行う機関、日本であれば、内閣総理大臣を長とする「行政」。裁判所を中心とする「司法」。この三つに権力を分け、三権が牽制《けんせい》し合っていれば、人々が苦しむことはないだろう。こういう考え方で近代の政治は成り立っています。

それは、もちろん、日本国憲法のなかにも書かれていることではありますが、現実には、憲法から漏《も》れているものがあると思います。

それは、「現実の政治は、もはや三権分立にはなっていない。少なくとも、憲法には明記されていない権力が明らかに存在する」ということです。

その権力の一つは「マスコミ権力」です。これは、かつては第四権力と言われていたものですが、今では現実的には第一権力であると言われています。

この第一権力のいちばん厄介《やっかい》なところは、「無名の権力であることが多い」という点です。誰《だれ》が意思決定者なのかが、はっきりしないのです。

すなわち、これは、ある意味で、〝シロアリの大群〟のようなところがある権力です。「突如《とつじょ》、一斉《いっせい》に襲《おそ》いかかってきて、家の柱などを食べていき、家を壊《こわ》すぐらいの強さがあるが、去っていけば、まったくいなくなる」というようなところがあって、いったい、誰が、どう決めて、どう動いているのかが、もうひとつ分からない権力なのです。

そして、この権力は、憲法上、明確には権力として規定されていません。

しかし、マスコミの内部にいる人たちは、「マスコミは民主主義の担保である」と自負していると思います。

アメリカの初期の大統領のなかには、「新聞のない政治と、政治のない新聞と、どちらかを選ぶとすれば、私は、政治のない新聞のほうを取る」というようなことを言った人がいますが（第三代大統領ジェファソン）、この言葉は、マスコミにとっては、一つの金科玉条《きんかぎょくじょう》、〝水戸黄門《みとこうもん》の印籠《いんろう》〟のようなものでしょう。

政治家自身が、「政治家よりも新聞のほうを信じる。民主主義には政治家よりも新聞のほうが大事だ」というようなことを言っているわけです。

これは、本当に、古きよき時代、「言論の自由が民衆を守ってくれている」と思われていた時代の言葉です。

このように、新聞等は、古きよき時代には、「政府の腐敗《ふはい》を暴《あば》いたり、人々が本当に困っていることなどを伝えたりする」という、重要な役割をしていたと思われます。

## マスコミは価値判断の基準を示すべき

ところが、そのマスコミも、今では、かなり巨大化《きょだいか》し、発達してきて、実際には、それぞれ、生き残りをかけた〝商戦〟を繰《く》り返している状態になってきています。そして、その体制自体においては、かなり官僚制《かんりょうせい》に近いものが内部にはできていると思います。

そのため、自由な言論は、マスコミ内部にも、すでになくなっていて、「その内部体制がどうなっているか」ということは、外からは窺《うかが》い知ることができないようになっています。「どういう意思決定によって、そうなっているのか」ということが分からないのです。

私は、近著『政治の理想について』（幸福の科学出版刊）のなかで、マスコミの判断基準に関し、〝マスコミ法〟という言葉を使いました。

マスコミが、「いったい、いかなる〝法律〟、根拠《こんきょ》によって裁いているのか。何を善とし、何を悪としているのか。何を大きく扱《あつか》って、何を扱わないのか」ということを明文化し、国民に明確に示してくれるのならよいのですが、それが国民には分からないのです。

それについては、「毎日、ニュースを読んだりしていれば、何となく感じるだろう」というようなかたちになっていて、ここの部分では国民が置き去りにされている状態だと思います。

しかし、ありていに言うと、いちばんメインの基準は、新聞であれば、「記事が評判になって売れるかどうか」ということでしょうし、テレビであれば、「視《し》聴率《ちょうりつ》が取れるかどうか」ということでしょう。「記事が売れるか」「視聴率が取れるか」ということが一つの基準になっていると思われます。

では、これは実際の正義や善悪などと必ず連動しているものかというと、必ずしもそうとは言えないと私は思うのです。

私が、いつも思うことは、「テレビ番組には、『時間帯をよく考えなさい』と言いたくなるようなシーンを、平気で映すようなところがある」ということです。

大勢の人が晩ご飯を食べているような時間帯に、テレビのニュース番組が殺人現場等を延々と映し、「ここに血痕《けっこん》があります。ここに遺体が埋《う》まっていました」などと言って、血の痕《あと》を生々しく映し出したり、グシャグシャに潰《つぶ》れた自動車の映像を流したりすることがあります。

「人間は、悪いことのほうに過剰反応《かじょうはんのう》をする。恐怖《きょうふ》、恐《おそ》ろしいこと、自分の身に及《およ》んだら怖《こわ》いことには過剰に反応する」ということを、マスコミはよく知っています。

「悪いことを報道したほうが視聴率が取れる」ということには、「小説でも、推理小説やスリラーもの、ホラーものはよく売れるが、純文学は売れない」ということと似た面があるのです。そのため、現実には、そのような報道の仕方になっていると思います。

しかし、マスコミは、勇気を出して、「わが社の判断基準」というものを公表すべきです。政党が、党の綱領《こうりょう》を定めたり、公約やマニフェストを出したりするように、「わが社は、こういう場合には、こう判断します」というものを出すべきなのです。そうしないと不親切であり、「本能的に勝手に読み分けてくれ」と言っている状況《じょうきょう》に近いのではないかと思います。

「なぜ、これは大きく扱って、なぜ、これは扱わないのか」というようなことについて、はっきりと基準を示していただきたいのです。

## 「職業としての政治」のなかにはマスコミも官僚も入っている

なぜ、そう言うかというと、社会学者のマックス・ウェーバーも述べていることですが、「職業としての政治には、決して政治家だけが参加しているのではない。そのなかには、実はマスコミも入っている。マスコミ人も、職業としての政治のなかには入っているのだ」と言えるからです。彼は、「官僚も、職業としての政治のなかには入っているのだ」というようなことも述べています。

三権分立の三権以外の第四権力と第五権力は、実はマスコミと官僚なのです。したがって、「マスコミと官僚が、日本の政治過程、政治を形成していく過程において、どういう機能を果たしているか」ということの分析《ぶんせき》が、もう一段、要《い》ると思います。

では、官僚制の問題点は何でしょうか。

民主党の鳩山《はとやま》代表は、党首討論のなかで、「官僚制がよくない。お金は食うし、好き放題をやっていて政治の統制が利《き》かないので、これがいけないのだ」というような言い方をしていました。

社会が大きくなって発展してくると、さまざまなことで専門分化が起き、情報が多くなり、対応が難しくなってきます。官僚制においても専門分化が起きて、高度な知識を持った専門家が数多く育つようになってきます。

そうすると、政治家では、とても、難しい問題には対応し切れません。知識のレベルでは、官僚のほうが、当然、政治家より上になってきて、情報や知識のところで政治家と官僚との力関係が変わってくるのです。

政治家は、官僚に訊《き》かないと、いろいろなことが分かりません。例えば、官僚から具体的な数字が上がってこなくなると、それを政治家独自では調べられないのです。そのため、権力関係が引っ繰《く》り返ってくるわけです。

一方、マスコミと政治家の関係も同様です。巨大化したマスコミも調査能力を持っています。そして、いろいろと調べたことでマスコミから攻撃《こうげき》されると、政治家には防御《ぼうぎょ》手段が十分にないのです。

近代政治が始まる段階においては、官僚もマスコミも、まだマイナーな存在でしたが、現在では非常に巨大化してきたので、「この部分について、どう考え方を整理するか」ということは、大事であると思います。

特に、官僚制のところは、現実には、行政機能だけでなく、立法機能や司法機能まで備えています。

官僚制の持つ司法機能とは何かというと、役所には、例えば、裁判所が判断する以前に、「通達」というものを出して、「それに反するものは悪。それに則《のっと》るものは善」というかたちで、善悪を決めてしまっているところがあります。〃お上《かみ》のお達し〃というような通達行政を行っていますが、これには、司法の領域にも踏《ふ》み込《こ》んでいる面があると思います。

さらに、官僚は、法案の作成を通して、立法にかなり参画しています。

官僚は政治家より人数的にそうとう多いので、とてもではないけれども、その専門家軍団を政治家が十分に使いこなすことはできません。

要するに、各省庁とも数千から万の単位の人数の役人を抱《かか》えているので、知識の集積量から見て、政治家は官僚に敵《かな》わないのです。また、民主主義のように、政権交代が起きると政治家が入れ替《か》わる体制においては、いつも〃素人《しろうと》政治〃が行われるので、選挙のない官僚のほうが力を持ちやすい傾向《けいこう》があるのです。

## 「マスコミ」「官僚」「政治家」の三者は嫉妬《しっと》し合う関係にある

では、官僚とマスコミの関係は、どうなっているでしょうか。

マスコミは潜在的には官僚に対して嫉妬心《しっとしん》を持っていると思います。「就職の段階において、成績のよいタイプの人が官僚などの役人になっていく」ということに対する嫉妬心のようなものは持っているのです。

野心はあるけれども、緻密《ちみつ》な勉強は、それほど得意ではなく、ややバイタリティーのほうにウエイトがかかっているタイプの人、いわゆるアクの強いタイプの人が、マスコミには行きやすいと言えます。

また、マスコミは、政治家に対しても一定の感情を持っています。「もしかしたら、自分たちのほうが、いろいろなことをよく知っているかもしれないし、口が立ち、賢《かしこ》いかもしれない」と思っている面はあるのです。

その意味で、政治家を見下したい気持ちはあるのですが、実際には、選挙に立候補して当選するだけの自信もツールもなく、その鬱憤《うっぷん》を批判で晴らしている面があるのです。

その点は役人も同様です。「試験においては政治家に負けない」と思ってはいても、立候補して選挙の洗礼を受けるとなると、落ちたら〝ただの人〟になり、食べていけなくなるので、それが怖くて、「ただ内部での出世にすがりつく」という感じになっています。

それぞれのところが、微妙《びみょう》に、自分にないものについて、ないものねだりをしており、この三者は嫉妬関係にあるように思われるのです。

それから、政治家は、例えば永田町《ながたちょう》の政治家同士で互《たが》いに連絡《れんらく》を取り合い、情報を共有しているかというと、そんなことは決してないのです。

一部、仲間たちが集まり、料亭《りょうてい》等で情報交換《こうかん》をすることはありますが、同じ党のことであっても、「新聞を見て知った」というケースがほとんどです。「今朝《けさ》の新聞によると、こういうことが決まったらしい」というかたちで、「新聞を見て知った」という状況が多いのです。

まことに不思議な現象ですが、政治家同士の横の連絡は、とても悪いようです。

## 現代の政治は「五つの権力」と「圧力団体」に囲まれている

このように、今の日本の政治過程には、少なくとも五つの権力が参加しています。

政治家と言われるのは、もちろん、選挙で選ばれた人のことです。しかし、行政を、内閣中心と考え、官僚の部分とは別として見た場合には、「立法」「行政」「司法」および「マスコミ」「官僚」の五つの権力が、少なくとも、いろいろな機能を果たしながら政治を構成していると思われるのです。

また、これ以外に、直接の権力ではありませんが、「圧力団体」というものが政治には存在します。

もちろん、宗教も、信者をバックにして、その団体の利益を実現するための圧力団体であることも多いのですが、これ以外にも、日本医師会や教職員組合など、全国組織を持っているようなものが各種の圧力団体として数多く存在します。それらは、具体的な政治権力ではないけれども、権力の外側にいて、票で応援《おうえん》するとともに政治家にプレッシャーをかけています。

これが、現時点における政治のシステムです。こういうシステムができたのは、「人口が非常に増え、社会が専門分化して複雑になった」ということが大きな要因かもしれません。

民主主義の原点は、どの辺にあるかというと、それは、決して、優《すぐ》れた専門知識を持った人ばかりが行うようなものではありませんでした。

国民のなかで一般的《いっぱんてき》なレベルにある人たちが集まって、「これは、おかしいのではないか」「これは、よいのではないか」などと本能的に感じ、だいたい意見がまとまれば、その意見が通る。そのような政治が、もともとの民主制政治であったわけです。

ところが、現実の政治は、ここで述べた五つの権力と、それに付随《ふずい》している数多くの圧力団体に囲まれていて、それほど簡単にはいかない状態になっています。これが政治の難しさを増しているのです。

これは、「各国とも、ある意味で国が大きくなりすぎ、運営が難しくなっている」ということではないかと思います。

現在の政治の基本的な状況は、そういうことなのですが、以前はどうかというと、例えばイギリスにおいては、お金に困らない人が政治家をやっていて、無報酬《むほうしゅう》であるのが、もともとの原則だったのです。

イギリスは貴族のいる国ですが、大地主でもある貴族には定期収入があるため、貴族のなかで政治に関心のある人が、趣味《しゅみ》と言ってはいけないけれども、余力を使い、社会奉仕《ほうし》の一環《いっかん》として政治をしていた面があると思います。

それには、「生活の糧《かて》として議員報酬《ほうしゅう》をもらわなければ生きていけない人に比べれば、もう少しフリーな立場で判断ができる」という意味でのメリットはあったのではないかと思います。

今の日本においては、それだけの経済的余裕《よゆう》のある人が政治に参加していると は言えないでしょう。経済的に余裕のある人は、商売に熱心に励《はげ》んでいることが多く、政治に直接は参加しない人のほうが実際には多いと思います。そういう人は、圧力団体のなかに存在することはあっても、現実の政治家には、なかなか、ならないものなのです。

## マスコミと官僚のあり方が、日本の政治の行く末を左右する

政治を取り巻く状況について述べましたが、ここで私の考えを示しておきます。

今、「立法」「行政」「司法」という三つの権力については、ある程度、見えているのですが、「マスコミ権力と官僚権力の部分の分析、および、今後の構想をどうするか」というところが、日本の政治の行く末を、かなり決めるだろうと思います。

その意味では、民主党代表の言っていることも、あながち全部が間違《まちが》っているわけではありません。「政治家が官僚を統制できない」と言っているところもまた、ある意味で民主主義の弱点なのです。

官僚は、何十年も役所に勤め、専門家として育っていくことができます。しかし、政治家は、役職はよく入れ替わりますし、選挙で落ちることもあって、必ず

しも、特定のことを長く担当し続けるわけではありません。その意味で、政治家は専門家ではないのです。

これが、政治家が官僚に知識的な面で負ける要因です。

さらに、マスコミは、政治家に関し、「この人は悪い人なのだ」というようなかたちで報道し、購読者《こうどくしゃ》や視聴者がその人に投票しないように仕向けて、落選させることができます。また、選挙を待たなくとも、そのようなことを書き立てたりすることによって、その人を辞職・辞任させることもできます。

そういう一種の特権が、今、マスコミには生じているのです。

憲法では、第十五条で、「公務員を選定し、及《およ》びこれを罷免《ひめん》することは、国民固有の権利である。」(第一項)と規定していますが、憲法を書き換《か》えて、「公務員、特に、公務員のなかの公務員である国会議員を罷免することは、マスコミ固有の権利である」というような規定を憲法に入れたら、どうなるでしょうか。

国会議員は、みな震《ふる》え上がるでしょうが、現実には、それと同じような状態になっています。国会議員を罷免する固有の権利は、マスコミに完全に握《にぎ》られているのです。

## マスコミは「視《し》聴率《ちょうりつ》と売り上げ」に貢献《こうけん》する政治家に弱い

そうなると、基本的には、マスコミの視《し》聴率《ちょうりつ》と売り上げに貢献するタイプの政治家でなければ生き残れません。政治家は、よい活動によって、それに貢献できない場合には、悪い活動によって、それに貢献できるかどうかがポイントになってきます。スキャンダルを起こして、マスコミの売り上げに貢献《こうけん》した政治家は、「マスコミに、おいしく食べられた」ということになるわけです。

政治家が、よいことをして報道されることは、基本的にはあまりないのですが、人気が非常に出てきた人にマスコミが悪乗りをしてくることはあります。

そのため、アメリカの現大統領であるオバマ氏に非常に人気が出てきたとき、「一種の怖さを感じる」と述べた人もいました。オバマ氏は、巧《たく》みな演説で人の心をつかみはするのですが、話している内容自体には、緻密な議論の全然ない、非常に感性的な、フィーリングに則ったものがとても多かったのです。そのため、「ファシズムに似ている」という批判を受けていました。

ファシズムというものは、必ずしも民主主義と別のものではなく、「民主主義の皮を被《かぶ》った全体主義」なのです。

オバマ氏には、簡単なキーワードのようなもので人の心をつかんでしまうところがあります。彼は、"Change"や"We can."などという簡単な言葉で、大勢の心をつかんでしまいましたが、さらにマスコミまで操縦できたら、ファシズムは、ある意味では成り立つのです。

その意味での警戒《けいかい》はしなければいけないところがあります。

あれほど慎重《しんちょう》で用心深く、疑い深くて、嘘《うそ》を暴《あば》くことを専門職にしているマスコミが、コロッと乗せられることがあるのです。

なぜかというと、マスコミの弱点は、前述したように視聴率と売り上げなので、ポピュリズム型の政治家、要するに、大勢に人気が出るタイプの政治家に対しては非常に弱いところがあるからです。

ここが、必ずしも理論どおりにはいかないところなのです。

「政治家が白手袋《しろてぶくろ》を付けて手を振《ふ》る」ということは、今では当然のことかもしれませんし、それで選挙に勝てるわけでもありません。しかし、一昔前の、それが流行《はや》り始めたあたりであれば、白手袋一つだけでも、けっこう選挙に勝てたのです。白い手袋を付けて大きく手を振ると、よく目立つので、非常に颯爽《さっそう》として、かっこよく見え、それだけで勝てたような時代もあるわけです。

また、人口が増えてくると、知名度を上げるのは、とても難しいことなので、芸能系の人が選挙でかなり強くなってきた面もあります。ただ、そういう人は、マスコミには強くても、官僚には必ずしも強くないのです。そのため、専門知識のある官僚には牛耳《ぎゅうじ》られてしまうようなところがあるわけです。

## 5 政治家に求められる能力

### 学者レベルの専門知識がないと、マスコミに勝てない

縷々《るる》、述べてきましたが、これからの政治家のあり方について、結論めいたことを申し上げたいと思います。

マスコミにも弱点はあります。それは、「情報を学者に頼《たよ》っている」ということです。彼らの情報源は学者なのです。彼らは、分からないことがあると、専門

の学者のところへ訊《き》きに行って、その意見をもとにして記事を書きます。学者は、なかなか表には出てこない存在ですが、マスコミの情報源は、ここにあるのです。したがって、政治家がマスコミ勢力に打ち勝つためには、日々、努力・研鑽《けんさん》をして、専門領域で学者に負けないだけの議論ができる専門知識を積み上げることが大事です。そうすることによって、マスコミの批判に受け答えをしながら、切り返して相手を折伏《しゃくぶく》し、自分の意見、持論を通すことができるようになるのです。

単なる耳学問だけで済ませるのは甘《あま》いと思います。いわゆる一般庶民《いっぱんしょみん》の声を代弁することは非常に大事ですが、選挙に専念し、庶民の声を聞いて代弁しているだけでは、マスコミと官僚《かんりょう》には勝てないところがあります。やはり、専門領域の知識を得るために、絶えざる努力・精進が必要なのです。

また、マスコミも多種多様に分かれていて、違《ちが》った主張を持っていることもあるので、その違いをよく見分けていき、矛盾点《むじゅんてん》や変なところなどを見抜《みぬ》いていくことです。複数の意見を比較し、見比べてみることが大事なのです。

## 安倍《あべ》首相退陣《たいじん》の真の原因は公務員のサボタージュ

次に、「どうすれば官僚に勝てるか」ということについて述べます。

官僚は、学生時代には秀才《しゅうさい》であったことも多く、仕事の面でも、書類づくりなど、要するに〝机の上での勉強〟には、かなりの能力を持っていると思います。

そのため、人気があるだけというタイプの政治家では、「軽い」と見られ、下から操縦されてしまい、官僚を御《ぎょ》するのは極《きわ》めて難しいでしょう。官僚は、数字をいじったり、資料を出さなかったりして、自分たちに都合のいいように政治家を操縦しようとするので、これに勝つのも大変なのです。

安倍《あべ》首相が退陣《たいじん》した理由の一つも、ここにあります。

彼は、参院選で大敗したあとも、一夏《ひとなつ》、辞《や》めずに頑張《がんば》ってはいたのですが、結局、退陣したのは、健康問題だけではなく、公務員改革のところで、「公務員を削減する」と言ったために、公務員たちがサボタージュをしたからなのです。

政治家には、しょせん、自分自身で情報を集めて資料をつくる力がありません。要するに、公務員が仕事をサボり、政治家に協力しなくなったために、安倍内閣は、〝陸《おか》に上がったカッパ〟のようになってしまったわけです。

公務員たちが、安倍首相を降ろそうとして、サボタージュに入ったのです。安倍首相の肚《はら》が公務員削減で決まったので、公務員たちは、「自分たちのクビがはねられるぐらいだったら、首相のクビをはねたほうが早い。クビをはねるのが一人で済む」と考えたわけです。

したがって、「公務員が仕事をサボタージュしたことが安倍首相退陣の真の原因だ」と言われています。公務員が協力してくれなくなったのです。

官僚が政治家の言うことを聞きたくないとき、彼らの武器としては、政治家を批判する必要など何もなくて、ただ仕事をしなければよいだけです。しかも、彼らは、仕事をしないことには、とても慣れています。普段《ふだん》から遅《おそ》い仕事を、もっと遅くするか、仕事そのものをしなければよいだけなのです。

彼らは、仕事をしないことの言い訳をするに当たっては、ものすごく卓越《たくえつ》した論法を持っています。できないことの言い訳をするときは見事なものです。できない理由を、たちどころに五つぐらい挙げます。「どうしたらできるか」ということについては何も答えはありませんが、できない理由なら即座《そくざ》に挙げるのです。

## 官僚を統制する方法①――現場に出て〝散歩〟をする

政治家が、それを破りたかったら、どうすればよいかというと、現場に下りていく以外にないのです。

これに近いことをやったのは元総理大臣の故・橋本龍太郎《りゅうたろう》です。彼は係長あたりのレベルにまで電話を入れるので、これには役所がまいっていました。

実際に書類をつくっているのは課長補佐《ほさ》や係長のあたりです。そのため、「霞《かすみ》ケ関《がせき》を動かしているのは、実は課長以上の人たちではない。現実には、課長補佐レベルが、ほとんど動かしている」と言われています。政策立案や法案作成等は、だいたい課長補佐レベルで行われているのです。

局長クラスになると、政治家を相手に交渉《こうしょう》する役になっていて、細かい仕事ができないので、実際は、判子を押《お》しているだけの状態に近いのです。課長補佐レベル、あるいは、その少し下あたりの人たちが、実務を担当して動いてくれているために、各省庁は仕事ができているわけです。

橋本龍太郎は、役所が作成したメモなどを見て、その書類をつくっている〝源流〟のところに名指しで電話を入れていました。係長あたりに、いきなり首相から電話が入ってくるのですが、これには役所のほうはまいってしまいます。

大臣や首相を〝食い止める〟のが事務次官や局長の仕事ですし、また、首相を〝見張る〟ために秘書官を省庁から官邸《かんてい》に送り込《こ》んでいるので、首相から係長クラスに電話が入るようでは、「ブロック体制が、きちんと機能していないではないか」ということになります。「いきなり自分のところまで攻《せ》め込んでこられる」というのは、課長補佐や係長レベルの人にとっては、たまらないわけです。

このように、政治家が官僚を破る方法は、実は経営の手法と同じなのです。会社では、組織が大きくなると、社長は、たいてい、イエスマンに取り囲まれ、嘘《うそ》の報告で騙《だま》されて、経営の実態が分からなくなり、気がついたら倒産《とうさん》というケースが多くなります。同じく、〝日本株式会社〟が大きくなってきて、官僚制度が巨大《きょだい》になると、実態が分からないことになるのです。

これを破る方法は、「ウォーキング・アラウンド経営」と同じで、現場に出て〝散歩〟をすることです。役所のなかを自由に散歩して、不定期に不意打ちのごとく出没《しゅつぼつ》し、役職にかかわりなく誰《だれ》でもよいからつかまえて、〝餌《えさ》〟をまきながら情報を吐《は》き出させることが大事です。

あるいは、橋本龍太郎風に、直接、起案担当者のところに電話を入れるのです。本来は、時間を見つけ、事務次官を呼びつけて話を聴《き》かなければいけないわけですが、事務次官は、だいたい、「局長に説明させます」と言うことになっていて、時間を稼《かせ》ぎながら、何とか、それらしい答弁をつくってきます。

したがって、いきなり、つくっている原点のところを〝刺《さ》して〟しまい、情報をつかんでいくのです。官僚は、これをいちばん嫌《いや》がるのです。

政治家として官僚を統制したければ、地位が低く、陰《かげ》で実際に実務を担当している人のところを押さえなければいけません。

大物と思うところではなく、もっと小さいところ、魚で言えば、まだ体長二十センチにもなっていない十五センチか十センチぐらいの魚をモリで突《つ》かなければ、本当のことは押さえられません。五十センチや一メートルにもなったような大きい魚を刺しても、相手は何も知らないことが多いので、原点に当たる部分を刺さなければいけないのです。

現場を散歩するに当たっては、会社の経営と同じで、なるべく、末端《まったん》に近いほうに出没することが大事です。

## 官僚を統制する方法②――人の顔や名前、人間関係を覚える

官僚統制で、「いちばんうまかった」と言われているのは、元総理大臣の故・田中角栄《かくえい》です。

彼は超人的《ちょうじんてき》な暗記力を持っていて、官僚の顔と名前、家族構成、いろいろな事情などを、全部、覚えてしまうのです。ただ、それは単に超人的な能力によるものだけではなかったらしく、夜は三、四時間しか寝《ね》ないで、夜中に起きては、一《いっ》

生懸命《しょうけんめい》に勉強していたようです。

そして、相手に対し、「君の子供は、確か、今度、中学校に上がったよね。あそこの中学校は、どうだね」というようなことをパッと言うので、相手は、びっくりしてしまうのです。

彼は、そういう情報を、コツコツと普段から仕込《しこ》んでいました。「人間通」だったということです。各省庁の幹部の役人たちは東大卒がほとんどなので、彼が大臣に就任しても、「高等小学校卒の大臣」と思って、ばかにしていました。ところが、彼は、集まった役人たちの顔を見て、全員の名前が言えるため、これには役人たちもまいってしまったわけです。

彼は新たに入省した職員全員の顔と名前まで言えたようです。これは一種の天才的な能力ではあるのですが、ある意味では、ホテルのドアマンのような能力でもあります。ホテルのドアマンたちも、そういう能力は持っているので、必ずしも政治家として高等な能力であるかどうかは分かりません。

ただ、相手の顔と名前、家族や知り合いなどの人間関係を知っておくことは、政治家にとって非常に大きな力となります。役所に対してもそうですが、それ以外に、支持者団体や後援会《こうえんかい》、圧力団体等、いろいろなところにも力を持てるようになるのです。

政治家は、専門的な学問のところで、ある程度の勉強をし、マスコミの情報源に当たる部分、学者のところを押さえるとともに、人間関係に関心を持ち、できるだけ多くの人の顔と名前、家族関係などの情報を集め、それを常に反復して覚え、人心を掌握《しょうあく》することが非常に大事です。

大きくは、この二つの方法によって、マスコミのところと官僚のところに統制をかけなければならないのです。

やはり、「人の心をつかむ力」「人心を掌握する力」は非常に大事です。「専門知識を持ちながら、人心を掌握する能力を持つ」ということが、政治家としては非常に大事ではないかと思います。

そういう意味で、政治家というのは非常に難しい仕事だと思います。エネルギッシュでなければ、やっていられません。首相が、在任中に亡くなったり、退陣後すぐに亡くなったりすることもあるように、激務であるとともに、オールマイティでなければいけない仕事なのです。

政治家は大変な仕事ではあるので、その意味では、鋭意《えいい》、努力・研鑽をする必要があるのです。

## 切れ味の鋭《するど》い「ディベート能力」を磨《みが》け

政治家にとっては必要でも、宗教家にはあまり必要がなかった能力があるとしたら、それは「ディベート能力」です。マスコミもそうですが、切れ味の鋭《するど》いデイベート能力が政治には必要なのです。

宗教のなかでディベート能力が最もあるのが、宗派としては日蓮宗《にちれんしゅう》です。日蓮宗にはディベート能力があるのです。

日蓮宗は、もともと道場破り専門です。他宗の寺に押《お》しかけていき、そこの住職に法論を挑《いど》んで、打ち破り、折伏《しゃくぶく》したら、そこの看板を外して日蓮宗の看板に掛《か》け替《か》える。こういうやり方で広めてきた宗派が日蓮宗なので、日蓮宗はディベートに強いのです。

日蓮宗系の創価学会を母体にして公明党ができたことには、ディベート能力がこの宗派のなかでかなり強かったことが効いています。ただ、このディベート能力のなかには、非難や批判、悪口など、攻撃《こうげき》の能力も入っています。その意味では、マスコミによく似た能力を、このなかに秘めているのです。この団体が大きくなった理由の一つには、「マスコミと同じようなことができる」という面があったとも言えます。もっとも、それが上品かどうかは別の話です。下品な悪口までいくかどうかは別として、少なくとも、「ディベート能力がなく、単におとなしいだけであっては、宗教が政治に進出するのは難しい」ということは知っておいたほうがよいと思います。

仏典を読むと、釈尊《しゃくそん》は、他教団の人たちからかなり試《ため》しを受け、ディベートと思われることをそうとう行っています。釈尊は対機説法《たいきせっぽう》ができるぐらいなので、ディベート能力がなかったわけではないのです。

したがって、このディベートの部分は、仏教のなかにも、あることはあるのですが、「それを引き継《つ》いだ宗派と、引き継がなかった宗派とがある」というだけのことです。

それは各宗派の派祖《はそ》の性格によって違います。行動力が非常に強く、山っ気のあるタイプの人のところは攻撃力が強いのですが、おとなしい人のところは、じっと坐《すわ》っています。もっと気が弱くなると、祈《いの》ってばかりいる感じになったりします。このように分かれているのです。

政治家は、このディベート能力も磨《みが》かなければいけないと思います。

# 第2章

# 諸葛亮孔明《しょかつりょうこうめい》の提言

二〇〇九年五月二十九日　諸葛亮孔明の霊示

諸葛亮孔明（一八一～二三四）

中国・三国時代に活躍した軍師。前世《ぜんせ》はカルタゴの将軍ハンニバル。近年は幕末の日本に勝海舟《かつかいしゅう》として転生《てんしょう》した。

# 1　議員の世襲《せしゅう》は国家衰退《すいたい》を招く

諸葛亮孔明《しょかつりょうこうめい》です。

まず、今回の幸福実現党の立党に関してですが、確かに、「天の時」というものはあると思います。

世間は、自民党にも民主党にも、うんざりしており、二大政党制の仕掛《しか》け人である小沢《おざわ》氏に対する風当たりも非常に強い。また、自民党の麻生《あそう》総理の評判も著《いちじる》しく悪く、芳《かんば》しい状態ではない。どうして、これだけ評判が悪いのか。

今、世襲《せしゅう》批判が繰《く》り返し出されているけれども、結局、その批判の原点には、「能力がないのに、偉《えら》い地位に到達《とうたつ》しているのではないか」という疑問があるわけです。

すなわち、「世襲を制限し、広く国民から優秀《ゆうしゅう》な人を選んで政治をやらせたら、もっと政治がよくなるのではないか」と、世間の人々は考え始めているということですね。まあ、それで、世襲への批判が出てきている。

どの人も、どの人も、昔、聞いたことがある名前である。親が総理や大臣であったとか、おじいさんがそうであったとか、そういうことばかりです。

この意味で、真に民主主義的な面における能力のある人を、抜擢《ばってき》あるいは推戴《すいたい》することができないでいるわけです。

ところが、現在の日本は、本当の意味において、未曾有《みぞう》の国難に当たっています。今は戦乱期と同じであって、もはや、「年功序列の時代」や「過去の封建《ほうけん》制度の名残《なごり》のような名家の子孫が治めるという時代」ではなくなったのです。

実力のある人が、この危機の時代を舵取《かじと》らなければならないということです。

特に、政治においては、国民全体の生活に影響《えいきょう》が大きく出るので、政治家の人選において、国民が厳しくなり、慎重《しんちょう》になり、批判が強くなるのは当然だと思うのです。

まあ、国民は、「老舗《しにせ》の旅館を世襲で継《つ》ぐ」とか、「老舗の饅頭屋《まんじゅうや》を世襲で継ぐ」とか、「お寺の跡《あと》を子孫が継ぐ」とかいうことについて疑問を呈《てい》しているわけではありません。また、零細《れいさい》・中小企業《きぎょう》の世襲がいけないと言っているわけでもありません。

平和な時代には、国政において、世襲ということもありうるかもしれません。「世襲が続いている」というのは、平和な時代が延々と続いてきたことを意味しているし、現に、そういう前提の下《もと》に成り立っているのだろうと思うのです。

ただ、国難の時期が来たならば、能力主義で、思い切った人材の登用をしないかぎり、国家の衰退《すいたい》、国家の没落《ぼつらく》は避《さ》けられないということです。

## 2　今の政治状況《じょうきょう》は明治維新《いしん》前夜と似ている

では、先ほどから私が述べている「国家の危機」とは、いったい何なのか。それについて述べてみたいと思います。

まず、第一点です。

真に、今、天上界《てんじょうかい》より命《めい》が下《くだ》り、政党結成に至った理由は何であるか。政治のいちばんの基本は、やはり、国民の生命、安全を守ることです。これが、まず第一です。それに付随《ふずい》して、もちろん、財産等を守ることも大事ですね。

翻《ひるがえ》って、「明治維新《いしん》がなぜ起きたのか」ということを考えてみれば、「その理由は、ひとえに国防問題であった」と言ってよいのです。

中国は、一八四〇年のアヘン戦争以降、欧米《おうべい》列強に次々と植民地化され、領土を切り取られていった。当時、日本から上海《シャンハイ》等に渡航《とこう》していた人たちは、それを現実に見て、「これが日本の将来の姿になるかもしれない」という恐怖《きょうふ》を覚えました。

当時の中国は清《シン》でしたけれども、「眠《ねむ》れる獅子《しし》」と言われ、「国土も大きく、人口も多いので、本当に目覚めたら、すごい力があるのではないか」と思われていました。

その中国が、南京《ナンキン》条約等によって欧米列強に植民地化され、領土を切り取られていったのを見た、日本の識者たちには、「次は日本が同じような状況《じょうきょう》になる」ということが、まあ、分かったわけですね。

それで、「幕府に国防ができるのか」という国論が沸騰《ふっとう》し、それが十年、二十年と続いたわけです。

もちろん、幕府も内部改革をし、優秀《ゆうしゅう》な人材を登用して対応しようとしたけれども、いかんせん、海のなかの島国であるから外国に攻《せ》められることもなく平和を満喫《まんきつ》していた日本は、三百年の泰平《たいへい》の眠りのなかで、平和ぼけをしていた状況であったのです。

これは、まさしく、第二次大戦後の日本と同じですね。

「憲法九条を守って平和を唱えておれば、外国から攻められることもないし、万一のときには、アメリカが日米安保条約に基づいて守ってくれるから、国防については、まったく考えなくても安心できる」ということで、世襲《せしゅう》議員たちは、老舗《しにせ》の旅館のようなつもりで、職業としての政治家を連綿とやり続けてきたのです。

まあ、明治維新のときには、外国を実際に見て、「欧米の軍事力は非常に強い。今の幕府では対応し切れない」ということが分かった人が一部にはいたし、幕府にも、オランダを経由して外国の情報は入ってはいました。けれども、鎖国《さこく》体制をとっていた幕府は、その情報を有効に生かし、自分を変身させることはできないでいた。将軍は、最後のほうは次々と替《か》わりましたけれども、やはり、徳川家では真なる改革はできなかったのです。

そのため、国論は、「開国か攘夷《じょうい》か」「佐幕《さばく》か倒幕《とうばく》か」「尊皇《そんのう》かどうか」ということで揺《ゆ》れに揺れたわけです。

今、日本の政権の中枢部《ちゅうすうぶ》には、かつて、六〇年安保、七〇年安保で、「アメリカに寄るか。中国・ソ連側に寄るか」ということを争った世代がいるわけですが、彼らは、古い〝遺伝子〟を持っていて、今の危機に、いったい、どう対応してよいのか分からないでいる。

すなわち、政界のみならず、マスコミ界においても、経営陣《じん》なるものは、定年なきがごとく、そうした古い遺伝子を持っていて、頭のなかに、左翼的《さよくてき》なる考え方が基本的に入っている。

そのため、「北朝鮮《きたちょうせん》や中国を長らく増長させてきた」という歴史があるわけです。

## 3　霊査《れいさ》によって明かされる「金正日《キムジョンイル》の狙《ねら》い」

### 北朝鮮《きたちょうせん》が狙《ねら》うのは、まずは「韓国《かんこく》」である

さて、これから、どのように未来が展開するのか。

北朝鮮《きたちょうせん》のミサイル実験や核《かく》実験等が続いているので、国民の多くは、もちろん、北朝鮮の危機というものを直接には考えていることだろうと思います。

ただ、おそらく、この、日本を攻撃《こうげき》する姿勢というのは、アメリカを牽制《けんせい》する

ための牽制球であると見てよいと思います。

「アメリカが助けに来る前に、北朝鮮は奇襲《きしゅう》攻撃にて日本を攻撃することができるぞ。日本は自分で国を守ることさえできないぞ」ということです。

その意味において、北朝鮮は、「憲法を改正して防衛体制を敷《し》くことができない」という日本の弱点を知っているし、アメリカの、経済的衰退《すいたい》と軍事的衰退という弱点や、民主党政権になったことの弱点も、十分、知り抜《ぬ》いていると思われます。さらに、日本に民主党政権が成立することを強く期待しているはずだと思いますね。

彼らは、まず、日本占領《せんりょう》ではなく、とりあえず日本を威嚇《いかく》し、恐怖《きょうふ》を煽《あお》り、日本のレベルの低いマスコミが大騒《おおさわ》ぎをすることを狙《ねら》っております。マスコミが大騒ぎをして、日本がパニック状態になることを狙っています。

そして、「真の狙いはどこにあるか」ということですけれども、金正日《キムジョンイル》の心のなかの真の狙いは、朝鮮半島の統一です。

日本を攻撃する姿勢を見せ、恐怖に陥《おとしい》れたり騒がせたりしているのは、一種の陽動作戦であり、真なる狙いは、「南北朝鮮の統一を、北の主導権でもってやる」ということです。

これをまだ、日本の人は、あまり理解していないと思われます。

韓国の人たちは、「同胞《どうほう》の友情を信ずるならば、まさか、同じ朝鮮民族に対して核兵器を使うはずはない」と信じたいところではある。

けれども、北朝鮮は、核兵器が完成したことをもって、「武力は、核兵器を持っていない韓国よりも、自分らのほうが明らかに上である」ということを誇示《こじ》している。

また、北朝鮮側は百万人近い軍隊を持っていて、韓国側は五十万人前後の軍隊を持っていると思われますけれども、彼らは、「地上兵力でも韓国の倍以上はある」と思っている。

さらに、国境線には、数多くのロケット砲《ほう》や大砲を、ソウル、および、その他の都市を狙って準備しているわけです。

ですから、今、核兵器が実験され、日本を狙っているように見えるけれども、その実、この恐怖に最も陥れられているのは、韓国であるのです。

この前、北朝鮮に対して非常に軟弱《なんじゃく》で、太陽政策をとって朝貢《ちょうこう》外交をしようとしていた、前大統領の盧武鉉《ノムヒョン》が自殺しましたけれども、北朝鮮は、今の政権が、北朝鮮に対して厳しい態度をとろうとすることを許さず、当然、威嚇をするつもりでいるのです。

金正日は年を取り、かなり理性的判断は麻痺《まひ》しておりますけれども、その狡猾《こうかつ》さはそうとうなもので、奇襲攻撃的なものの考え方、人の裏をかく考え方のようなものは非常によく知っている。これを〝帝王学《ていおうがく》〟として学んでいると思われます。

したがって、「日本を一生懸命《いっしょうけんめい》、恐怖に陥れながら、実際は、いきなり韓国への武力侵攻《しんこう》を図る」と私は推定しています。

「北が核兵器を持っている。韓国には最終的に勝ち目がない」ということが、韓国をどれほど萎《な》えさせるかということです。

要するに、金正日は、韓国を降伏《こうふく》させることを目指しているのです。「韓国を降伏させ、北朝鮮の主導権の下《もと》に南北朝鮮を統一する。そして、七、八千万人の国を形成し、核武装した巨大な軍事国家を、ここにつくり上げる」ということです。

韓国やアメリカは、北朝鮮と戦争をしたくないため、話し合い路線を、一生懸命、言っています。その理由は、「北朝鮮と戦争をすると、少なくとも三万から十万ぐらいの人が死ぬだろう」と予測がついているからです。「そういう事態を避《さ》けるために、戦争をしたくない」ということで、ずるずると話し合いをしているのです。

しかし、現実に北朝鮮主導で南北併合《へいごう》がなされた後《あと》は、どうなるか。

この統一朝鮮においては、もちろん、北の思想に従わない人が南の韓国にはたくさんいるはずなので、そういう人たちが、何百人単位で次々と、粛清《しゅくせい》、すなわち公開処刑《しょけい》されていくことになるだろうということなのです。

これは、何十年も前のソ連や中国で起きたことです。反対勢力の一掃《いっそう》です。すなわち、「韓国における政治的リーダーや行政のリーダー、および、経済界のリーダー等は、一網打尽《いちもうだじん》にされて、みんな公開処刑をされることになるだろう」と思われるのです。

おそらく、その数は、少なく見積もっても百万人、多ければ二、三百万人、あるいは、それ以上に行くかもしれません。

ですから、これは、アウシュビッツみたいなものです。何百万人ものユダヤ人が殺されましたけれども、ああいうことが、近未来において、現実に朝鮮半島で起きうるということです。

反対する者の一斉《いっせい》粛清に入り、軍事独裁国家が、ここに出来上がった場合、次、どうなるか。

では、中国が、これを攻撃して叩《たた》くかといえば、叩きはしないと思うのです。中国は、この統一軍事国家を、アメリカ、日本に対する備えとして、温存し、助長すると考えられます。

というのも、中国にとっていちばん怖《こわ》いのは、実は、アメリカが中国との戦争に臨《のぞ》んでくることだからです。核戦争等になったら、今の時点では中国の側に勝ち目はありません。そこで、アメリカと戦って負けないようにするために、今、軍事費を年間十パーセント以上伸《の》ばして、武力の増強をしているわけです。

ですから、六カ国協議などをやっても無駄《むだ》であって、実は、「中国は、統一朝鮮を、日本とアメリカに対する防波堤《ぼうはてい》として使うつもりでいる」ということです。

## 金正日《キムジョンイル》は、二〇一〇年代後半に日本侵攻《しんこう》を狙《ねら》っている

金正日《キムジョンイル》王朝によって朝鮮が統一され、人口が七、八千万人で、百万から二百万人規模の軍隊を持つ、核武装をした軍事独裁国家が、海一つ隔《へだ》てた朝鮮半島にでき、そして、中国が後ろ盾《だて》になって、物資やエネルギーの輸送、資金の供給等を続けた場合、すなわち、兵站《へいたん》基地として中国が支援《しえん》することになった場合、日本はどうなるでしょうか。

先の朝鮮戦争は、三十八度線を境にして、実際上、「アメリカを中心とする国連軍」対「中国軍」の戦いであったわけですけれども、今度は、日本が戦場になる可能性があるということです。

武力でもって朝鮮の統一がなされたならば、日本侵攻《しんこう》ができるのです。統一しないままに日本侵攻をすると、内側の韓国から攻められるので、日本侵攻ができないけれども、韓国を取ってしまえば、統一朝鮮の力と、あと核兵器でもって、日本侵攻ができるのです。そういうことを金正日は考えています。

核実験にはもう成功しているので、私が読み取るかぎりでは、金正日の韓国侵攻計画は、おそらく、「核兵器の実戦使用が可能になった」と発表できる段階で実行されると思います。

核攻撃は、必ずしもミサイルでやらなくとも、飛行機に積んで韓国に落としたってかまわないわけです。

ましてや民主主義の国ではありませんので、飛行機に核爆弾《かくばくだん》を積み、パイロットには死んでもらうことにして、神風特攻隊的《かみかぜとっこうたいてき》に、あるいは、ワールドトレードセンター風に、「ソウルに突《つ》っ込《こ》むぞ」と脅《おど》したら、これを止めることはおそらくできないだろうと思われます。事態は三十分以内に終わってしまうので、止めることはできないと思います。

ただ、核兵器は、最初は脅しで使うと思います。核兵器が実用化した段階で、向こうは無血革命を狙っているのかもしれません。韓国に、降伏と、金正日を大統領として推戴《すいたい》することを求めてくると思われます。

これは、核兵器が実用化する段階、もう、はっきり言えば、三年以内に起きる事態と見ていいと思います。

そして、次に、日本侵攻の野望を当然ながら持っています。

「朝鮮は長年の植民地支配で日本に苦しめられたのだから、日本はその代償《だいしょう》を支払《しはら》う必要がある。統一朝鮮はお金がなく、ひどく苦しんでいるので、日本は、当然ながら、貢《みつ》ぎ物として、その経済的繁栄《はんえい》を朝鮮半島に捧《ささ》げる必要がある」ということです。日本の富を奪《うば》いに来るということです。

したがって、統一朝鮮軍は、次は、艦船《かんせん》の建設にかかり、日本上陸を目指してくるであろうと思われます。

今は敵対している南北ですけれども、次は一体化して、日本に攻め上《せのぼ》ってくる可能性がある。このときに、日本が憲法九条の改正もできず、また、敵地も攻撃できないような、軟弱な政権と法律の状態であったならば、どうなるか。

統一朝鮮は、このときには、もう、核ミサイルで攻撃できる態勢は完了《かんりょう》している、すなわち、核爆弾の小型化をして、ミサイルの頭に積んで攻撃する態勢はできていると思われます。

パトリオットミサイルで撃《う》ち落とすといっても、「では、百発百中で、全部、落とせますか」ということです。やはり全部は落とせない。半分も落とせばよいほうです。

「半分は日本に落ちるぞ。日本の主要都市にたくさん落ちるぞ。さあ、どうする」ということで脅してきます。

金正日は、「日本を属国化したい。植民地化したい」という野望を持っています。日本植民地化計画の実行を考えているのは、ちょうど二〇一〇年代の後半ぐらいです。

## 4　太平洋の覇者《はしゃ》を目指す「中国の野望」

一方、中国は中国で、実は、「二〇二〇年以降、太平洋の覇者《はしゃ》になろう」という野望を持っており、今、空母艦隊《かんたい》の建造にかかっていて、アメリカと戦える態勢をつくろうとしている。

すなわち、「統一朝鮮《ちょうせん》のほうで日本の防衛力を完全に破り、中国のほうは、アメリカ軍をハワイまで撤退《てったい》させる。要するに、ハワイから西の太平洋、インド洋等の制海権は中国が取る」ということが中国の基本戦略です。

そのために、中国は、今、パキスタンにすり寄り、インド牽制《けんせい》に入っているわけです。

ですから、太平洋・インド洋を周辺とする「東南アジアから西南アジア、それからアフリカのあたりまで」を、中国の支配圏《けん》にするつもりでいます。この具体的な着手が二〇二〇年ごろから始まります。

向こうも、大中国の繁栄《はんえい》、〝千年王国〟を目指しているということです。かつての唐《とう》の都のような繁栄を、軍事的な力をバックにしてやろうとしている。

また、中国はアメリカの国債《こくさい》をたくさん買っているので、アメリカを経済的に脅《おど》すことさえできるわけで、国債が一気に売りに出されると、アメリカ経済はガタッと急に崩《くず》れることになります。

つまり、「アメリカの国債をたくさん買っている」ということは、「アメリカの軍事力を、兵站《へいたん》面から、要するに金銭面から揺《ゆ》さぶるつもりでいる」ということなのです。

結局、中国は、金銭面と軍事面の両方から、アメリカを揺さぶるつもりでいる。だから、中国にとっては、オバマ政権の出現は本当にありがたいことだろうと思うし、ヒラリー・クリントンというのは、まさしく、与《くみ》しやすい相手だろうと思いますね。彼女は非常に親中国的な考え方を持っておりますので、中国は、「外見《そとみ》だけを多少繕《つくろ》って、人権外交で少し得点を稼《かせ》がせてやりさえすれば、われわれの真なる意図には気がつかないで放置するだろう」と見ているのです。

## 5　天上界《てんじょうかい》の孔明《こうめい》が日本に授《さず》ける策とは

### 孔明の提言①

### 自国での防衛を考えるとともに、中国を取り巻く各国との友好関係を築け

今回、幸福実現党が立党しましたけれども、趣旨《しゅし》としては、やはり、国防のところが非常に大きいのです。

要するに、「日本が、復讐《ふくしゅう》として、カルマの刈《か》り取り風に、朝鮮《ちょうせん》半島の植民地にされ、さらに、アメリカから切り離《はな》されて、中国の核《かく》の傘《かさ》のなかに置かれる」という未来図を受け入れるかどうか。これが大事なポイントになるわけです。

ですから、二大政党制をつくり、民主党政権を実現しようとした小沢《おざわ》氏の罪は、もう、万死《ばんし》に値《あたい》するものだと思いますね。

幸福実現党は頑張って、政権を取り、国防に当たらなければならないし、日本の経済的な力も弱めてはならないと思います。この繁栄《はんえい》を続けることが大事です。

今後、アメリカが引いていく時代になると思いますので、やはり、「自国の防衛は自国の力でやる」というスタイルになるだろうと思います。

まあ、自国での防衛を考えるとともに、ロシアやモンゴル、チベット、インド等、中国を取り巻く国々との関係の改善を目指す。それから、中国は、日本への補給線を断つためにオーストラリアに触手《しょくしゅ》を伸《の》ばしているので、オーストラリアとの関係を修復し、友好関係を築き、こちらの方面もやはり守らなければいけないと思います。

幸福の科学は宗教運動として世界伝道をしておりますけれども、その背景には、

「真に自由と民主主義が世界に広がるのか。それとも、これが終焉《しゅうえん》を迎《むか》え、まさしく全体主義が世界を覆《おお》うのか」という、大きな戦いが控《ひか》えていると考えてよいと思います。

## 孔明の提言②

## 早急に、朝鮮《ちょうせん》半島や中国の侵略《しんりゃく》に対抗《たいこう》できる防衛力を整備せよ

「もし、日本が朝鮮《ちょうせん》半島の属国になった場合は、どうなるか」ということですが、もちろん、金銭的なもの、財産的なものは、たくさん吸い上げられることは当然ですけれども、金正日《キムジョンイル》は日本人を奴隷《どれい》階級にするつもりでいると思います。かつてアメリカが黒人を奴隷にしたように、日本人を奴隷として使ってみたいでしょう。そういう気持ちを強く持っていると思います。

だから、そういう未来がうれしいかどうかですね。

「朝鮮半島にも勝てないのと同時に、中国と戦っても、当然、勝てない」という状況《じょうきょう》になったならば、もう、どうしようもない。打つ手はないということです。ですから、私としては、「やはり、どんなに遅《おそ》くとも二〇二〇年までには、朝鮮半島だけでなく、中国からの侵略《しんりゃく》にも対抗《たいこう》できるだけの防衛力は整備しなければいけない」と思います。

まあ、核兵器というと、いろいろ言われるので、核兵器でなくてもいいと思うのです。それに代わる兵器はたくさんあるので、新兵器を開発したらいいかと思いますね。核に代わる兵器は、ほかにもあるのです。

例えば、一気に五百メートルから一キロ四方ぐらいの酸素を奪《うば》ってしまうような兵器とか、こういうものだってあるわけです。

それから、宇宙からのプラズマ兵器のようなものも、現実には、もう、あるのです。

だから、国民の大部分が、「自分たちが殺されるまで、北朝鮮や中国の意図が分からない」という状況にあるのでしたら、水面下で、違《ちが》ったかたちの新兵器の研究を当然すべきだと思います。

## 孔明の提言③

## マスコミや世論《せろん》に迎合《げいごう》せず、真に国防問題に取り組む「新しい政権」を打ち立てよ

いずれにしても、マスコミに完全に押《お》さえ込《こ》まれているような、今の政党の体制では、当然ながら、国防は不可能であるので、やはり、マスコミの攻撃《こうげき》に耐《た》え、政権を担当できる力が必要です。

そのためには、宗教政党が勢力を持つことは大事だと思います。

日本が植民地化される方向に、いくらマスコミが進めても、それをのむことは

できません。そうした世論《せろん》、〝つくられた世論〟に迎合《げいごう》しないで、伝道し、信者をつくる。そして、防衛し、繁栄を守るということが大事ですね。

これに失敗したら、悪く言えば、植民地、もっと悪く言えば、かつてローマに滅《ほろ》ぼされたカルタゴのように跡形《あとかた》もなくなり「廃墟《はいきょ》」と化す可能性が、日本にはあります。

もう、助けてくれるところがなくなったら、そうなります。

アメリカが、中国の核ミサイル、大陸間弾道弾《だんどうだん》を恐《おそ》れて、何もできなくなった状態になれば、もう、日本を助けるところはありません。「日本が民族として滅びる可能性も十分にありうる」ということです。

今のまま手をこまねいておりますと、「レッドクリフ」「赤壁《せきへき》の戦い」と同じで、八十万対五万みたいな状況が実際にありうるということです。

中国軍と統一朝鮮軍を相手にして国防ができるか。そこまで考えますと、やはり、心もとないと思われます。

麻生《あそう》総理は、航空幕僚長《ばくりょうちょう》の田母神《たもがみ》氏等を、あのように退任に追い込んだあたりで、〝正体〟が明らかに表れたと思いますね。タカ派のように見えておりながら、実は、何のことはない、マスコミ世論に迎合しなければ生きていけない、単なる「人気取り屋」であったということです。

真に国防を考えて戦う首相であったならば、あんなことはしなかったはずです。「このままでは日本の国防は危ない」と言っている人を罷免《ひめん》し、それから、「日教組が日本の戦後教育を悪くした」と言った大臣も罷免しましたが、「こんな弱腰《よわごし》の首相であっては、やはり、日本のリーダーとしてはふさわしくない」と思われます。

幸福実現党がどこまでいけるかは分かりませんけれども、二〇〇九年からスタートして、少なくとも数年以内にかなりの勢力まで拡大しておく必要があります。

憲法改正といっても、衆議院と参議院の両議院において、総議員の三分の二以上の発議《ほつぎ》が必要なので、幸福実現党が参議院に議席を持っていない以上、すぐには憲法改正はできません。

したがって、少なくとも、「行政権の独立性を主張し、首相判断でリーダーシップを取れるようにする」ということが先決であり、そのためには、やはり、衆議院で過半数を取ることが大事です。

行政の長となれば、いざというときには、人によっては大統領型の政治をすることができるのです。小泉さんのときにも、中曽根《なかそね》さんのときにも、やや大統領に近いタイプの総理でした。だから、必ずしも、日本の首相では大統領型の政治ができないというわけではありません。

幸福実現党が衆議院で第一党になり、過半数を取れば、参議院が反対しても首相を出せます。「首相を出す」ということは非常に大事なことだと思いますね。

こうしないと、日本の二〇一〇年代の国難、それから二〇二〇年代以降の恐怖《きょうふ》、ここを克服《こくふく》することはできないと思います。

国防というのは真に大事なことであり、これは、明治維新《いしん》が起きた原動力なのです。

今の鹿児島《かごしま》県や高知県、山口県あたりの田舎侍《いなかざむらい》たちが、「幕府を倒《たお》す」という大それたことを考えたわけですよ。彼らは、「幕府の頭の古い連中では、もう日本は守れない。このままでは、日本全体が植民地になり、妻や子供たちが奴隷で売られたり召《め》し使いにされたりしてしまう」と思って、決起したわけですね。

今、まさしく同じ状況が来ているということです。

「宗教が何をするか」とか、「おまえたちみたいな弱小勢力に何ができるか」とかいう考えはあろうと思いますけれども、そんなことを恐れないで、やるべきことをやらなければいけないと思いますね。

まず国防が第一であり、そのためには、やはり、経済的下支えが必要です。経済的繁栄というのは、しっかり持たなければいけないと思います。

全体主義国家は、やはり、消滅させていくことが大事です。

アメリカが衰退《すいたい》してきていますので、日本は、その補完勢力として台頭しなければいけません。それから、独自の外交を推し進めていくべきです。

この点を論点として知っておいてください。

今、宗教団体が政党をつくった真の理由というのは、「日本の植民地化、日本民族の滅亡というのが、実は、かかっているからだ」ということなのです。

少なくとも、バランス・オブ・パワー、勢力均衡《きんこう》の状態、すなわち、「十分に防衛できる」というところまで固めていかなければいけないと思いますね。

今のマスコミの論調は、非常に非常に左翼《さよく》に流れすぎていて、「福祉《ふくし》関係なら税金をいくら使ってもいいけれども、ほかのものはいけない」というようなことを言っておりますけれども、このマスコミのほうも、やはり、ちょっと考え方を変えさせる必要があると私は思っています。

いちおう、これをポイントとして言っておきたいと思います。

# 第3章

# 迫《せま》り来る国難に備えよ

## 1　十五年前に北朝鮮《きたちょうせん》の危険性を訴《うった》えた幸福の科学

今年（二〇〇九年）、幸福の科学は、『勇気の法』（幸福の科学出版刊）を出版して、その教えを実践《じっせん》すべく、さまざまな活動に取り組んでいます。

私自身も幾《いく》つかの新しい活動に関係しております。

宗教本来の使命に関しては、「全国の支部・精舎を巡錫《じゅんしゃく》し、説法する」ということを、ずっと行ってきました。

また、海外においては国際伝道を進めています。私は、英語を仕事で使うのは二十五年ぶりに近かったのですが、「海外で英語説法をし、それを全世界に衛星中継《ちゅうけい》する」という、日本人としては非常に厳しい〝緊張《きんちょう》〟のなかで仕事をしてきました。

さらに、四月には、私の専門ではありませんが、多くの人々の海外伝道を支援《しえん》すべく、英語伝道用の英会話の本も十冊ほど書きました。

教育関係においては、「いじめ問題」への取り組みなどを契機《けいき》として、「外部から意見を言うだけでは十分ではない」と考え、自らも、「幸福の科学学園中学校・高等学校」を創立することとしました。現在、栃木《とちぎ》県において建設中であり、来年にも開校する予定です。

そして、二〇一三年には「幸福の科学大学」も開学する予定です。

その忙《いそが》しいさなか、突如《とつじょ》と言うべきかもしれませんが、私が四月三十日に幸福の科学の総合本部で行った「幸福実現党宣言」という説法において、政治の活動にも具体的に参加することを宣言しました。

政治に関しては、長らく、一定の距離《きょり》を取りつつも、「思想的に賛同できるところは応援する」というスタンスでやってきましたが、現実の政治は、そう簡単には動きませんでした。議員等を通じて、いろいろな意見を申し上げてはいるのですが、政党も一つの独立した組織であって、「そう簡単には意見が通らない」ということが続いていていました。

例えば、今、多くの人々が知っていることで言えば、北朝鮮《きたちょうせん》の核《かく》開発、核ミサイルの問題があります。

これを私が警告したのは一九九四年のことです。

今年の秋に公開予定の「仏陀再誕《ぶっださいたん》」という映画は、私が製作・総指揮をした映画の六作目になりますが、一九九四年に公開した一作目「ノストラダムス戦慄《せんりつ》の啓示《けいじ》」のクライマックスは、実は、「北朝鮮が核ミサイルを発射しようとするなかで、幸福の科学を中心とする宗教勢力が、全世界で祈《いの》りを捧《ささ》げる」という内容でした。

すでに十五年前に、それを映像化し、さらに、同じ年の講演のなかでも、北朝鮮の核開発についての危険性を訴《うった》えていたのです。（「異次元旅行」一九九四年七月十二日説法。『ユートピア創造論』〔幸福の科学出版刊〕所収）

しかし、その後、十五年たって、現在は二〇〇九年です。時間は十分にあったはずなのに対策はなきに等しい状況《じょうきょう》です。「ただただ時間が過ぎてしまった」と言わざるをえません。

## 2　国難を救うために立ち上がった「幸福実現党」

### 首相の職責を理解していない麻生《あそう》首相

先般《せんぱん》、北朝鮮《きたちょうせん》の核《かく》実験があったとき、マスコミの人たちが、麻生《あそう》首相に対して、

「総理、北朝鮮の核実験を止められないのはどうしてですか」とインタビューしていました。それに対する麻生首相の答えは、「どうしてだと思いますか？　私に答えられる限界を超《こ》えています」というような内容でした。

日本国の首相は、自衛隊の最高指揮官でもあります。その人が、「自分の限界を超えている」と言うのなら、この国をどうするつもりなのでしょうか。

もし私が首相であったならば、国民に対して、「自分の限界を超えている」と言うぐらいなら辞職します。総理の器ではないからです。恥《は》ずかしいことです。麻生首相は自分の職責を理解していないと感じます。

以前、外交において、まともに対応できるのは、安倍晋三《あべしんぞう》氏と麻生太郎《たろう》氏だと思って、幸福の科学は、公正中立の立場をいったん捨ててでも、彼らを応援《おうえん》しました。

しかし、このていたらくでは、残念ながら、「これ以上応援したところで、もはや無駄《むだ》である」と考えるに至っています。

四月五日には、北朝鮮の長距離《ちょうきょり》ミサイルが、日本列島を越《こ》えて飛んでいきました。日本の政府およびマスコミは、あわてふためくのみでした。そのあと核実験をされ、さらに、近隣《きんりん》に短距離ミサイルを発射されました。また、「長距離ミサイルを発射する準備をしている」と聞いています（五月三十一日現在）。

こうした北朝鮮の暴挙に対して、この国が何ら有効な手を打てないということは、「もう、白旗を揚《あ》げたのと同じである」と私は思います。

こういうこともあって、私は、「この国の政治指導者たちに勇気がないならば、勇気のある人が立ち上がるしかないではないか」と考えるに至ったのです。本当に断腸の思いです。

## 今の政治家では、この国の舵取《かじと》りができない

自由民主党や民主党の国会議員のなかには、幸福の科学の信者がたくさんいます。多いときには百人を超えていました。今も現職の国会議員のなかに大勢います。

ただ、彼らにいくら言っても、彼らは、党の拘束《こうそく》のなかでは主導権を握《にぎ》れない状態です。

今回、「幸福実現党」を出発させることにしましたが、幸福の科学の総裁としては、本当につらい決断をしています。

自民党の議員にも、その支持者にも、また、民主党の議員にも、その支持者にも、当会の信者はたくさんいます。そのなかで、あえて、「全国の三百選挙区に候補者を立て、すべての比例区にも候補者を立てる」という決断をするに至り、

総裁としては非常に苦しい思いをしています。

それは、「幸福の科学の信者同士が選挙で戦わなければいけない」ということを意味しているからです。

本当につらいことではありますが、「国難の時期にあって、今の政治家たちに、この国の舵取《かじと》りができないのであるならば、やはり、舵取りをすべく、イニシアチブを取っていかなければならない」と考えるに至りました。

信者たちのなかには、多種多様な政治的信条があるでしょうが、今回、政党を旗揚げするに当たって、「政治運動に宗教が乗り出す」ということに関し、さまざまな批判を受けることもあるでしょうし、場合によっては、予期せぬ苦難が降りかかることもあるかと思います。

先日、ある新聞を読んでいたら、一つのページのほぼ全面を割いて、「宗教昭《しょう》和《わ》史」を取り上げ、そのなかで、大本教などへの宗教弾圧《だんあつ》について述べていました。その次には幸福の科学が来るのかどうか知りませんが、いちおう、当会についても取り上げられるように〝観測気球〟として揚げたものと推測されます。

宗教が政治に進出する場合には、「野心あり」と見られ、政府筋やマスコミ筋から、警戒《けいかい》され、攻撃《こうげき》されることは、よくあることかと思います。

ただ、「この国の指導を、このまま任せておけない」という気持ちが、どうしても止まらないのです。

私は、若者たちの未来が、暗く悲惨《ひさん》で、戦争のなかで苦しむようなものになったり、あるいは、十年か二十年かのちに、この国が他の国の植民地になって、多くの人々が苦しんだりする姿など見たくないのです。

そのため、間に合うぎりぎりのタイミングで、今、勇気を持って、行動を起こそうとしています。

「本来ならば、憲法の改正をしなければならない」と思います。

しかしながら、日本国憲法においては、憲法の改正は、衆議院と参議院、両議院の総議員の、おのおの三分の二以上の賛成による発議《はつぎ》を経て、国民投票を行い、その承認を得なければならないことになっています。

それでは間に合わないのです。衆議院と参議院で三分の二以上の支持を集めるまでの時間がないのです。

## 3　全体主義国家・北朝鮮《きたちょうせん》の脅威《きょうい》に備えよ

### 金正日《キムジョンイル》の本心は「韓国併合《かんこくへいごう》」と「日本への侵略《しんりゃく》」

先日、私は、金正日《キムジョンイル》の守護霊《しゅごれい》と称《しょう》する者と話をしました。そして、本心はどこにあるかを訊《き》きました。彼の本心は、こういうことでした。

「まず、この核《かく》の力、核兵器の力でもって韓国《かんこく》を併合《へいごう》する。これには、近々《ちかぢか》、取りかかる。三年以内には南北朝鮮《ちょうせん》を統一してみせる。日本上空へのミサイル発射等は、実は、日本を怖《こわ》がらせ、アメリカの気力を萎《な》えさせるための陽動作戦である。日本人が騒《さわ》げば騒ぐほど、こちらの術中にはまってくる。実は、韓国併合にまず入るつもりである」ということを言っていました。

北朝鮮が核大国になったら、韓国はお手上げです。戦争になれば、どうしても数十万の人々が亡くなることが目に見えているからです。

そして、「次は、日本に対してもミサイルを撃《う》ち込《こ》む」と述べました。「日本人を脅《おど》すのに、まだ核ミサイルは必要ない。通常ミサイルを撃ち込むだけで震《ふる》え上がるであろう」とも言っていました。

今、アメリカのオバマ大統領は、イラクの次にアフガニスタンのことで手一杯《ていっぱい》です。北朝鮮のことなど考えてもいなかったので、動揺《どうよう》しています。

同時に、イランも核開発をしています。このイランと北朝鮮は〝地下〟ではつながっています。北朝鮮の核技術がイランに供与《きょうよ》されているのです。

イラク、北朝鮮、イラン、そして日本。こうした国々で、アメリカを攪乱《かくらん》すべく、同時に、さまざまな騒動《そうどう》が起きたとき、アメリカはそれに対応できるのでしょうか。

金正日は、オバマ政権の足元の弱さを、すでに見透《す》かしているのです。

そして、日本の政治家たち、国家を指導している者たちの優柔不断《ゆうじゅうふだん》さ、決断力のなさ、勇気のなさ、智慧《ちえ》のなさを、全部、見透かしているのです。非常に残念なことです。

## 自由と民主主義の力によって朝鮮《ちょうせん》半島の統一を

私は、戦争は好きではありません。平和主義者です。

しかし、この世に正義というものがあるならば、それを守らなくてはなりません。不正が世界に蔓延《まんえん》するようであれば、神や仏は必要がありません。人間には「正邪《せいじゃ》を分ける心」があります。その正邪を分ける心こそ、神の心であり、仏の心なのです。それを、私は、延々と、長く、人々に教え続けてきました。

このままでいけば、今世紀前半に朝鮮《ちょうせん》半島が統一されることは確実ですが、私の希望は、韓国側の自由と民主主義の力でもって北朝鮮が統合され、朝鮮半島が、平和で民主主義的な、自由な国になることです。そこに住む人たち、そこで苦しんでいる人たちが、救われる未来をつくりたいのです。

決して、北朝鮮による核の威嚇《いかく》によって韓国の人たちが統治されていくような未来にしてはなりません。

戦争になれば、おそらく、数万から十万人単位の人が亡くなるでしょうし、統一された後《あと》も、全体主義国家のやることはどこも同じなので、韓国の人たちが百万、二百万人と大量に「粛清《しゅくせい》」されていく姿を見ることになるでしょう。粛清とは、「統治者の言うことを聞かない人を捕《つか》まえて殺す」ということです。それが、全体主義国家がやってきたことなのです。

私は、そのような未来を見たくはありません。それは、そうならないように努力しなければ、今世紀の前半に起きるかもしれない事態なのです。

そのような未来は何としても変えたいのです。

## 全体主義の特徴《とくちょう》とは

では、全体主義の特徴《とくちょう》とは何でしょうか。

民主主義を名乗ることは簡単です。北朝鮮も国名としては、「朝鮮民主主義人民共和国」と名乗っています。

全体主義においては、そこに軍事的独裁者がいて、そして、政府に反対する者や思想犯を取り締《し》まる特別警察、秘密警察のようなものがあり、さらに、政府に反対する人たちなどを捕まえて収容する強制収容所があります。それが全体主義国家の特徴です。

日本では、首相の悪口を言っても、誰《だれ》も捕まえに来ません。これは、日本が全体主義国家ではないことの証拠《しょうこ》です。アメリカも同じです。

かつてのソ連は、そういう全体主義の国でした。今のロシアは、そこまではいかず、もう少し民主化しています。

中国も、そういう国でしたが、今は、経済の面、〝下部〟のほうから、少しずつ変わっていこうとしています。私も、中国で仏法真理の書籍《しょせき》を出版し、思想戦によって中国を変えようと努力しています。

しかしながら、この全体主義国家の動きは極《きわ》めて速いと思っています。

そして、いちばん問題なのは、「六カ国協議」などというかたちで、北朝鮮を巡《めぐ》って何カ国かで話し合いをしている間に、北朝鮮側が着々と戦力を拡充《かくじゅう》している現実があることです。

## 中国軍二十万人が北朝鮮《きたちょうせん》に入ればアメリカは手出しができない

北朝鮮《きたちょうせん》と中国との国境には、鴨緑江《おうりょっこう》という一本の川があります。その鴨緑江の中国側には、中国の軍隊が、約二十万人、駐留《ちゅうりゅう》しています。

いかにも、中国が北朝鮮をいつでも攻撃できそうに見えるのですが、「実は、そうではないであろう」と私は見ています。

金正日が、あれだけ強気でミサイルを発射できるのは、北朝鮮と中国との間に、やはり、何らかの政治的な密約が存在しているからではないかと感じています。

したがって、「北朝鮮が暴発する」という理由により、もし中国軍二十万人が北朝鮮の領内に入ったならば、その中国軍を、「北朝鮮を平和的に武装解除するための勢力だ」と考えるのは甘いと思います。

中国軍二十万人が北朝鮮に入ったら、どうなるでしょうか。そのときには、アメリカも日本も北朝鮮には手出しができなくなるわけです。それは、中国と戦うことを意味するからです。そこまで考えてやっているのです。そんなに簡単な相手ではありません。

# 4 この国の未来を変えるために

## 民主主義の根本には「信仰心」がある

今、私たちは、微力《びりょく》ながら、「国家の舵取《かじと》りのために、何事かをなさねばならない」と決意するに至りました。

幸福実現党という政党は、立党まで、わずか一カ月の準備期間しかありませんでした。

しかし、その政党のなかに、私が十数年から二十年、手塩にかけて育てた、当会の幹部を数多く入れました。理事長や専務理事、常務理事を経験した人など、当会の幹部として活躍した方々です。私の直接の教えを、十数年から二十年、受けた人たちなので、日本の国の宰相《さいしょう》や大臣ぐらいは十分にできます。そういう人たちを送り出しました。

そして、極《きわ》めて短時間のうちに政党の結成をしました。どこまでやれるかは未知数ではありますが、少なくとも、日本国の政治的対応を速《すみ》やかにし、決断を促《うなが》す力にはなると思います。

政治というものは、決して、宗教から離れ、独立して存在するものではありません。日本国憲法によれば、「国政は、国民の厳粛《げんしゅく》な信託《しんたく》によるものであって、その権威《けんい》は国民に由来し、その権力は国民の代表者がこれを行使」（前文）するものとされていますが、そのもとにあるのは何かというと、民主主義を肯定《こうてい》する思想です。

では、民主主義を肯定する思想とは何でしょうか。

「国民一人ひとりが、神の子、仏《ほとけ》の子である」という思想が根本にあって初めて、民主主義は尊いものとなります。「基本的人権」の根本の姿は、「人間一人ひとりに、仏性《ぶっしょう》（仏の性質）や神性《しんせい》（神の性質）がある」ということです。これが人間の尊さの根本なのです。

これなくして、「人間機械論」「唯物論《ゆいぶつろん》」が事実であったならば、人権がそれほど尊いわけはありません。そうであっては、人間は、単なる、この世における生存にすぎず、動物との大きな違《ちが》いはないことになってしまいます。人間と動物を分ける大きな違いは一つ、「信仰心があるか、ないか」ということなのです。

動物には信仰心がありません。人間には信仰心があります。その信仰心とは何であるかというと、神、仏に向かい、より高次なるものへ向かって、自分たちを進化させ、成長させ、この地上を仏国土ユートピアにつくり変えようとしていく尊い力であり、エネルギーです。それが、信仰心のもとにあるものです。

「いろいろな学問があって、そのなかの一部に宗教がある」という考え方は、あまりにも、現代的な小さなものの捉《とら》え方です。

政治と宗教は、表と裏、両方の面なのです。「この世をよくしていく面」と「人の心をよくしていく面」、この両者が合体して初めて、この世のなかで、人間が人生修行をすることの尊い意味というものが明らかになるのです。

この世が「魂《たましい》の学校」としての使命を果たすために、素晴らしい宗教と素晴らしい国家、政治が必要であるのです。

## 戦後教育の間違《まちが》い――宗教と国益の蔑視《べっし》

戦後教育のなかのいちばんの間違《まちが》いは、「宗教は卑《いや》しいものだ」と教えてきたことです。そして、もう一つは、「国益というものは、恥《は》ずかしい、卑しむべきものだ」と教えてきたことです。

しかし、日本以外のどこの国でも、国益ということを大事にしています。政治を司《つかさど》る者のいちばん大切な仕事は、国民の生命と安全、財産を守ることです。これを放棄《ほうき》したら、政治的指導者としては失格であり、政治が成り立たないのです。

したがって、私は、あなたがたに言います。

立法・行政・司法の三権分立は、頭では分かっていても、実際の機能はよくは分からないでしょう。

その三つの権力以外に、
日本にはまだ、「官僚《かんりょう》権力」もあれば、「マスコミ権力」もあります。
その五つの権力がどういう関係にあるかも、
本当は、まだ十分には分かっていないであろうと思います。

ただ、私は、あなたがたに言います。

「国家が、自分に何をしてくれるか」

ということばかりを政治に求めてはいけません。

「自分が、国家のために、今、何ができるか」

ということを真剣《しんけん》に考えてほしいのです。

「国が自分に何をしてくれるのか」

そんなことばかりを考えていてはいけません。

あなたがたの力は小さいかもしれない。
投票しても一票しかないかもしれない。
しかし、その小さな一票、一滴《いってき》が、
この国を変え、この国の未来を変えていくのです。
政府や国家が、あなたがたを幸福にしてくれると思ってはいけません。
あなたがたを幸福にするのは、
あなたがた自身の、あなたがた一人ひとりの努力・精進の積み重ねなのです。
人々の力を合わせ、人々が協力して、
よい国をつくっていかなければならないのです。

# 5　世界の平和と正義のために勇気を持って戦え

## 北朝鮮《きたちょうせん》で苦しむ二千万の人々をも助けたい

私は、「政党をつくるに当たっては、既成《きせい》政党のなかにも当会の信者が多数いて、断腸の思いである。非常に苦しい思いで政党を立てた」と述べました。

私の説法は海外でも多くの人々が聴《き》いています。韓国《かんこく》の人々も聴いています。中国の人々も聴いています。オーストラリア、マレーシア、シンガポール、インド、アフリカ、ヨーロッパ、アメリカ、ブラジルの人々も聴いています。

そのなかで、独り日本の国益だけを述べるつもりはありません。

「世界の平和と正義の『あるべき姿』をデザインした上で、この国のあるべき姿を示し、毅然《きぜん》とした、正義に則《のっと》った行動をすることを訴《うった》えかけたい」と強く願っているのです。

誤解されてはいけないので、もう一度、繰《く》り返して述べておきます。

私自身は、「日本の国民一人ひとりを愛するのと同じように、今、圧政下にある北朝鮮《きたちょうせん》の人々、二千万人以上の、苦しんでいる人々一人ひとりを助けたい」という気持ちでいっぱいなのです。韓国の人々も、戦争によって一人も死んでほしくないのです。

中国に対しても、厳しい批判を述べてはいますが、それは、真の自由と民主主義の国になってほしいからなのです。北朝鮮が、あのような態度を続けていられるのは、中国が、自分の国を防衛するために、北朝鮮を盾《たて》として使っているからであるのは明らかです。中国の国家指導者たちに、考え方を改めてほしいのです。

「どの国が正しいか」「どの国家指導者が正しいか」ということを、私は言っているのではありません。「この地球において何が正しいか」「この世界において何が正しいか」ということを訴えているのです。「何が正しいか」ということに基づいて、この国も国家のあり方を決めなくてはなりません。恐《おそ》れてはならないと思います。

## この国を守るために不惜身命《ふしゃくしんみょう》で戦う

幸福実現党について、マスコミの経営陣《じん》は、「宗教が新しく政党をつくっても、取れる議席は、せいぜい三議席から五議席ぐらいであり、国政にとっては何の影《えい》響《きょう》もないだろう」と見ているようです。そう思うなら、そう思ってもけっこうです。

ただ、私のほうは、「参議院まで含《ふく》めて、憲法を改正する時間はもうない」と見ているのです。そのため、無謀《むぼう》かもしれませんが、「今回の衆議院議員選挙で、ぜひ第一党と過半数を取るべく努力しなさい」と幸福実現党の人たちに言いました。憲法改正は間に合いませんが、衆議院で過半数を取れば、少なくとも首相を任命することは可能だからです。

この国の人々を守ってほしいのです。
この国の人々の未来を守ってほしいのです。
この国の人々に死んでほしくないのです。
この国の人々に、
日本という国が植民地になる姿など、
決して見せたくないのです。
だから、私たちは戦います。
たとえ、嘲笑《あざわら》われようとも、

「宗教ごときが何を政治に乗り出しているのか」と言われても、やります。

正しいと思うことについては、勇気を持って戦います。

それによって、幸福の科学が利益を得ようが得まいが、そんなことは、どうでもよいことです。

不惜身命《ふしゃくしんみょう》です。

宗教家として世に立って以来、すでに命は捨てています。

真理のために戦います。

その戦いを、命尽《つ》きるまでやめません。

宗教家が畳《たたみ》の上で死ねるとは思っていません。

私は、やります。

国民のみなさまの熱い応援《おうえん》を期待しています。

# 第4章

# 勇気の試《ため》される時

## 1 「幸福実現党」を日本を代表する宗教政党に

先日、「幸福実現党」の新党首として、私の妻、大川きょう子が立ちました。

これは、「幸福の科学は、幸福実現党と運命共同体であり、逃《に》げも隠《かく》れもしません」ということです。「政党と宗教は、まったく別のものです」と言って逃げるわけにはいかないのです。

『幸福実現党宣言』（幸福の科学出版刊）も私の著書であり、党の基本的政策は、すべて私の説法と著書から出来上がっています。現時点で、幸福の科学が「知らん顔」をしていられる状況《じょうきょう》にはないのです。

党首交代後、家内は新党首として、有楽町駅前にオープンした幸福実現党本部ビルで、マスコミ関係者五十人ほどを相手に記者会見をしました。

記者会見等は、いろいろとやってはいますが、幸福実現党の国民への浸透度《しんとうど》や知名度等は、まだそれほど高くはないかもしれません。

しかし、選挙本番までには、知名度を限りなく有権者の百パーセントに近いところまで持っていくつもりです。

当会の仕事は決して遅《おそ》くはありません。記者会見のとき、マスコミ関係の人たちは、党首交代について、「本当は、ずっと前から決まっていたのでしょう。最初から、こうするつもりだったのでしょう」と言っていたそうです。深読みして、「一年ぐらい前から決めてあったのではないですか」と言っていた人もいるそうです。

それは、党の本部内に、すでに「大川きょう子党首」のポスターが貼《は》ってあったからです。「いや、それは昨日《きのう》つくったものです」と言っても、信用されない状況でしたが、非常な高速回転で準備を進めています。

もし最も早い日程で選挙に臨《のぞ》むことになっても、何とか間に合う体制はつくったつもりです。公約どおり、全小選挙区の候補者はそろえましたし、全比例区にも候補者を立て、さらに、今、一部、有名人等が集ってきつつあるところです。

私自身は基本的に大きな話をすべきだと思っています。個別具体的なことは幸福実現党のほうから言うべきなので、私は大きな視点から述べていきたいと考えています。

私は、「世界宗教・幸福の科学」ということを繰《く》り返し言っていますが、やはり、世界宗教になる前のステップというものがあると思います。それは、「幸福の科学を、自他共に認める、日本を代表する宗教として確立する」ということです。

日本には、大きな宗教の一つに創価学会があり、それを母体とする政党として公明党があります。これは七十数年前の戦前にスタートした宗教であり、当会よ

りも五十年ほど古い宗教です。政党をつくってからも、四十年以上はたっていま
す。

今、日本の宗教政党は、幸福実現党のほかには公明党一つしかないのですが、「公明党が全宗教の代表としての宗教政党ではありえない」ということは、誰《だれ》が見ても明らかであろうと思います。

やはり、日本のすべての宗教の代表たるべき宗教政党が必要です。そして、世界の宗教と十分に対話をし、世界をまとめていける宗教となるために、この世的な、現実勢力としての政治的な基盤《きばん》も必要であると考えています。

## 2 「政教分離《ぶんり》」の正しい考え方

### 「宗教と政治は一体」というのが世界標準

キリスト教国では、「政教分離《ぶんり》」を謳《うた》いつつも、実質はキリスト教が〝国教〟になっており、キリスト教に基づいて、大統領等の宣誓式《せんせいしき》も行われていますし、その他のいろいろな儀式《ぎしき》も行われています。

イスラム教も、宗教と政治が完全に一体化して国教になっており、宗教と政治を分けることはできない状況《じょうきょう》になっています。

日本神道《にほんしんとう》はどうかというと、これも、もともとは、「宗教と政治は一体のものである」というところから始まっています。そのもとは中国にあって、孔子《こうし》が説いた儒教《じゅきょう》の影響《えいきょう》をかなり受けているものと思われます。

孔子の教えは、基本的には「政治のあり方」を説いたものです。どのような徳のある人をつくり出せば、国というものがうまく治まるのか。そうした、君子《くんし》による政治を目指していたのです。

すなわち、孔子の教えは、「どうやって君子をつくるか」という君子のつくり方を説いたものであり、「その君子に国を治めさせれば国がまとまる」ということなのです。孔子の教えとは、ずばり「祭政一致《いっち》」そのものであり、彼は君子による政治について説いていたのです。

「孔門《こうもん》の徒《と》三千人」と言われていましたが、その当時、中国では国が幾《いく》つかに分かれていたので、いろいろな国から孔子が宰相《さいしょう》として乞《こ》われても、孔子自身が行くのではなくて、弟子を、宰相として送り込《こ》んでいました。宰相は、今でいう首相のことです。「いろいろな国の首相に、孔子の弟子で適性のある人を送り込んでいた」というのが、儒教が始まった当初の状況です。

現代日本においては、宗教が政治運動をすることに関し、技術的な問題として、政教分離その他について、いろいろと言われると思いますが、以上のことから考えると、世界標準で見るかぎり、宗教が政治運動をしてもまったく問題はないのです。

この世で理想的な正しい政治を行うために、宗教が力を貸してはいけないなどということは、まったくありえないことであり、本来、宗教と政治は一体であるべきものなのです。

あえて言えば、現代社会は進んでいるため、宗教と政治が、技術的、専門的に分かれてきた面があるかもしれません。その現代的なノウハウの部分については、研究し、取り入れなくてはいけない部分もあるでしょう。

しかし、「宗教が政治に進出する」ということを、悪いことのように言われたとしても、強くあらねばなりません。もともと宗教と政治は一体のものであり、それが世界標準なのです。これらを分けることのほうが、実は世界標準から外れているのです。

## 憲法の政教分離は宗教弾圧《だんあつ》を防ぐための防波堤《ぼうはてい》

特に戦前の日本においては、国家神道が非常に強い力を持っていました。それは、明治維新《いしん》のときに天皇《てんのう》を立てて徳川幕府を倒《たお》したためです。新政府の〝重し〟のために天皇を持ってきたわけです。

明治維新は、実は新しい革命運動だったのですが、「『王政復古』と称して、昔からある天皇を持ってきて上に載《の》せ、下だけ新しいものをつくった」という、いわば折衷様《せっちゅうよう》のやや中途半端《ちゅうとはんぱ》な革命だったのです。

本当は、薩長《さっちょう》等の地方藩《はん》による中央政府打倒《だとう》の革命運動だったのですが、いかんせん、彼らには田舎侍《いなかざむらい》の自覚があったので、「われらのような田舎侍が、三百年も続いた幕府を倒してよいのか」という怖《こわ》さは少しあったのだろうと思います。そのため、天皇家を京都から引っ張ってきて上に載せ、それでできたのが明治政府なのです。

その意味で、「権威《けんい》付け」として天皇制が役に立ったわけではありますが、その後、政府の関係者たちが欧米《おうべい》各国を見たところ、先進国には一神教の国が多いので、「一神教のようにすると、近代的に見えるのではないか」と考え、天皇制を国家神道として一神教的なものにしようとしました。

その結果、明治時代から「廃仏毀釈《はいぶつきしゃく》」という仏教の弾圧《だんあつ》が行われ、ずいぶん、寺が壊《こわ》されたり、仏像が釘《くぎ》やいろいろなものに変えられたりしました。すり潰《つぶ》しては、釘にされたり弾丸《だんがん》にされたりしました。

当時、私は、「なんと罰当《ばちあ》たりなことを」と思いつつ、それを天上界《てんじょうかい》から見ていましたが、寺の御本尊《ごほんぞん》は、そうとう潰され、あちこちで武器弾薬《だんやく》に変わりました。

その結果、敗戦が来て、その反省から、新しい憲法においては、「国家が特定の宗教を強く保護して、ほかの宗教を弾圧することがないように」という趣旨《しゅし》で政教分離が定められたのです。つまり、天皇が実質上の権力を持たないようにするための防波堤《ぼうはてい》として、政教分離が憲法のなかに織《お》り込まれたわけです。

それでも、現実には、天皇制は国家体制のなかに組み込まれていて、形式的なものではありますが、天皇が国会を召集《しょうしゅう》したり、衆議院を解散したり、栄典等を授与《じゅよ》したり、外交では外国の元首と会ったりしています。

「かたちの上では元首のようであるが、実質上の権力は持っていない」という〝中空状態〟の不思議な権力体制が、今までずっと続いている状況です。

したがって、日本における政教分離のもともとの考え方は、「いわゆる国家神道による、他の宗教への弾圧を禁止する」という趣旨なのです。戦前においては、仏教もキリスト教も弾圧されましたし、神道であっても、教派神道といわれる、いろいろな種類の神道は、全部、弾圧され、禁止されていったので、「信教の自由」はありませんでした。

そういう状態は、やはり、好ましい状態ではないと思うので、その意味での政教分離はかまわないと私は思います。弱小の宗教や、新しく出てくる宗教を弾圧するのを禁止することが、この政教分離の趣旨なのです。

## 幸福の科学は非常に寛容《かんよう》で開かれた宗教

幸福の科学も政治の世界に出て政治的なパワーを持つことが、これから現実化してくるでしょう。

ただ、当会は「開かれた宗教」を目指しています。現に他宗教に属していても、当会の信者として活動できるようになっているのです。

先日、幸福実現党の街宣活動を視察するために私は街に出ていたのですが、そこに、よその団体の教祖が来ていました。その方は幸福の科学の会員なのです。そして、夫婦で幸福実現党のビラを配布していました。このように、幸福の科学は、よその団体の教祖でも当会の政治運動で活動できるぐらい寛容《かんよう》な宗教なのです。

したがって、幸福の科学が政治的なパワーを持ったとしても、何の問題もないのです。ほかの宗教を弾圧するようなことはありません。もちろん、各人の好みで幸福の科学の信者になるのであれば、それは結構なことだと思いますが、今の状況から見て、他宗に属している人が当会の信者になっても、特に困ることがあるとは思いません。

以前、「永遠の法」という当会の映画をキリスト教関係者に見てもらったら、みな感激して帰ったそうです。そのくらい当会は非常に寛容な宗教なのです。

一方、創価学会、公明党のほうは、非常に狭《せま》い考え方を持っていて、他宗教との軋轢《あつれき》は実に数多くありました。

その意味において、「幸福実現党は、宗教政党として、まさしく登場が求められていたものではないか」と思うので、他の宗教のいろいろなニーズも、現実の政治に生かすだけの努力はしたいと考えています。

「当会が母体である幸福実現党の出している政策に共鳴し、応援《おうえん》してくださる方であれば、当会の信仰《しんこう》や教義を受け入れていなくても、政党のほうでは一緒《いっしょ》にやっていける」というスタンスを持っています。

例えば、幸福実現党では、「消費税全廃《ぜんぱい》」「贈与《ぞうよ》税全廃」「相続税全廃」というところまで、かなり勇気のある踏《ふ》み込みをしました。

消費税全廃ということであれば、公明党員や共産党員でも投票してくれるかもしれません。そうなれば、ありがたい話です。自分が支持する政党の候補者がいない選挙区では投票してくれるかもしれません。

それは政策選択《せんたく》の問題なので、「政治は政治」と、ある程度、割り切って考えていきたいと思います。

## 3　天上界《てんじょうかい》の要請《ようせい》を受けて「第一党」を目指す

### 神仏は政治に重大な関心を持っている

基本的に、神仏が政治に関心がないということはありえません。「この世に生きている人間の生活がどうであるか。暮らし向きがどうであるか。人々が幸福に暮らしているか」ということについて、神仏が重大な関心を持っているのは当たり前のことです。民《たみ》が苦しんでいるのであれば、「何とかしなければいけない」と考えるのは当たり前です。

そういうときに神仏はどうするかというと、この世に宗教家を送って新しい宗教を起こす場合もあれば、軍事的な英雄《えいゆう》を送って革命を起こし、新しい王朝を立てることもあります。そのような改革者が出てきます。「この世が、よろしくない」と見たときには、いろいろな人を送り込《こ》んで、世の中を変えていこうとしています。

神仏は「地上の人々の幸福」というものに重大な関心を持っているのです。これは当たり前のことです。

したがって、勇気と自信を持って政治活動に取り組みたいと思います。今回の衆院選は、初めてのトライ（挑戦《ちょうせん》）なので、まだノウハウ的に未熟で、十分な戦い方ができない部分もあるかもしれません。

しかし、そんなに簡単にあきらめたりはしません。戦いはこれから始まるのです。

「第一党を目指す」と言った以上、第一党になるまでやり続けます。一回目のトライでどこまで行けるかは、やってみなければ分かりませんが、第一党になるまで、「撃《う》ちてしやまん」の精神でやり続けます。「近未来には、第一党になるのは間違《まちが》いない」と思っているので、あとは、その間《かん》の努力、時間に耐《た》える努力が必要だと思います。

## 宗教を利用するのではなく、真に信仰心《しんこうしん》のある政治家となれ

当会の三帰《さんき》信者で別の党から立候補している人もいます。しかし、「いざ鎌倉《かまくら》」というときに馳《は》せ参じないようでは、信者としては駄目《だめ》です。幸福の科学が幸福実現党を立党したら、真っ先に馳せ参じてくるぐらいでなければ駄目なのです。

自民党や民主党など、いろいろなところに当会の信者はいますが、ほとんどの政治家は、宗教団体を〝集票マシン〟だと思っていて、どちらかといえば、「宗

教を利用したい」という気持ちを持っている人のほうが多いのですが、それではいけません。

当会の信者で他の党に属している議員のなかには、現在、ある程度の地位や立場にあるような人がだいぶいて、幸福実現党の立党に伴い、心がグラグラ揺《ゆ》れているようです。

幸福実現党は、まだ旗揚《はたあ》げしてまもない段階であり、当選者を出した政党にまでなっていないので、この世的な常識で考えると、現在、自分が党の要職にあったり、大臣や大臣に近い立場にいたりすると、なかなか今の党を捨てて馳せ参じるのは苦しいということは分かります。幸福実現党に馳せ参じたら、「あいつは、ちょっとおかしくなった」と周りから言われるだろうと思います。

ただ、それは「踏《ふ》み絵」なのです。信仰《しんこう》の踏み絵だと私は思います。それを踏むか踏まないかを、やはり試《ため》されているのです。

私は、政治家に対して、「多少なりとも信仰心を持ってほしい」と思いますし、できれば、「宗教を利用する政治家」ではなく、「信仰者である政治家」になってほしいと思っています。

日本の大多数の政治家においては、やはり、「票を集めるために宗教に所属している」という場合がほとんどであり、複数の宗教に所属していることも多いようです。その辺は、なれ合いで、「マスコミにも分かってほしい」という感じで宗教と付き合っている場合がほとんどなのです。

しかし、このままでは、幸福の科学は世界宗教にはなりません。これを踏み越《こ》えなければ駄目なのです。やはり、強い信仰によって政治のほうにも踏み込んでいかなければなりません。日本のなかで一定の実力を持ち、そして、世界に出ていかなければならないのです。

## 幸福の科学オリジナルの政党が必要

今、幸福の科学は、宗教の世界では、国民に対するメッセージ力をかなり持ってはいます。しかし、現実世界においては、例えば、他国との折衝《せっしょう》をしようとしても、そのための窓口がない状況です。他の国と折衝することは、やはり、窓口として政党を持っていないと少し難しいのです。

したがって、現実的な政治勢力が必要です。過去、自民党を中心に、当会の考え方や政策を反映させたことは何度もあるのですが、政党には党としての拘束《こうそく》があるため、たとえ他党のなかに当会の信者がいても、その人は、たいていは党議拘束で縛《しば》られてしまって動けない状況《じょうきょう》にあります。

やはり、幸福の科学からオリジナルにできた政党があるべきだと思います。そして、それを大きくしていくことが大事です。

そういう意味で、「政界においても、宗教政党として大を成したい」という気持ちを持っています。

ただ、現時点（六月六日現在）では、四月三十日に、宗教法人幸福の科学の総合本部において、私が「幸福実現党宣言」という説法をしてから、まだ一カ月余りしかたっていない状況であり、まだまだ世間に十分に浸透《しんとう》しているとは言えません。これから頑張《がんば》って広げていかなければならないのです。

幸福実現党の記者会見には、マスコミも興味を持ってたくさん来たのですが、報道姿勢等を見るかぎり、現時点では、「ゼロ議席か、二、三議席も取れればいいほうだ」というぐらいにしか思っていないようです。「芸能ネタ」ぐらいにしか思っていないのでしょうが、これは許せません。

あるテレビ局などは、何度も取材に来ているのに一言《ひとこと》も報道していません。要するに、「まだ、公的な存在として認めていない」ということです。

中央の五大紙も同様です。何社かに小さな記事が出始めている程度です。

ところが、私のふるさとの徳島新聞では、幸福実現党の候補者四人が顔写真入りで一面トップに載《の》りました。地方紙では大きく扱うところも出てきています。

おそらく、中央の五大紙のほうは、取材に来ている人よりも、上司であるデスクや経営陣《じん》のほうが、「幸福実現党は、まだ、どうなるか分からない。雲散霧消《うんさんむしょう》するかもしれないし、単に教団の宣伝のためだけにやっているのかもしれないから、もう少し様子を見よう。ただ、もし事件が起きたりしたときには大々的に報道しよう」と考えているのでしょう。それは許しがたいことです。

頑張って広げなければいけません。

## 幸福実現党は、天上界《てんじょうかい》が全員一致《いっち》で応援《おうえん》している

今回の立党は、天上界《てんじょうかい》の要請《ようせい》を受けてのものです。幸福の科学の五百人からな

る支援霊団《しえんれいだん》のなかで、「政党をつくってはいけない」と言った霊人《れいじん》は一人もいません。全員が応援《おうえん》してくれています。「今こそ、政党をつくるべき時期である」と言っています。支援霊全員が揃《そろ》って同じことを言う場合には、しばらくたってから見ると、「これ以外にはなかった。そのときにやらなければ決してできなかった」と思うことがほとんどです。全員一致《いっち》で「立党せよ」ということでした。

ただ、当選議席数の予想については、支援霊によって多少の差があります。それは、「今後の二、三カ月間、私たちに努力の余地がある」ということです。

いずれにせよ、この秋に、衆議院に議席を持つ新しい宗教政党が誕生することだけは確実です。絶対に誕生します。

幸福の科学は強気の宗教なのです。最初から、「第一党を目指し、衆議院で過半数を取る」と言っています。周りから見たら、あきれて、開《あ》いた口がふさがらないかもしれません。

今、民主党は、政権に手が届こうとしていますが、ここまで来るのに十数年はかかっています。それなのに、「立党して一カ月たつか、たたないか」という政党が「第一党を目指す」と言っているのですから、あまりにもすごすぎて、みな口をポカーンと開けているような状況でしょう。

## 4 日本の政界の浄化《じょうか》を

### 票の売買が行われている日本の政界

幸福の科学は志が大きいのです。この国のことだけを考えてはいません。「世界を浄化《じょうか》していきたい」と思っているのです。日本の政界浄化は、その第一歩です。

幸福実現党のある候補者の話では、街頭演説等で、いろいろなところを回っていると、「票が十万票あるけれども、いくらで買うか」というようなことを言われたことがあるそうです。

私は、「今の日本で、そんなことがあるのか」と驚《おどろ》いたのですが、その候補者は、「自民党の人も民主党の人も、ちゃんと金を出して買っているよ。おたくは買わないのか」と言われたそうです。

実際に、幸福実現党の候補者が言われた話なので、そういう票はあるのでしょう。確かに、闇《やみ》組織の票であれば、ありうるでしょう。例えば、暴力団関係や、それに類似するような、強力な〝一体感〟のある組織のボスが、「おれは、現金収入を得るために票をまとめる」と言えば、実際に可能だと思います。

ただ、「幸福実現党は十万票をいくらで買うのか」と言われても、幸福実現党が、そんなお金を出すわけがありません。まったく信じられないような話です。

「なんという罰当《ばちあ》たりなことを言っているのか」ということです。

もし、実際に票の売買が存在し、この国の政治が、そこまで腐敗《ふはい》しているのであれば、本当に許しがたいことです。

確かに、「政治には億《おく》の単位のお金がかかる」「衆議院議員や都道府県知事になるのに十億円ぐらいかかる」という噂《うわさ》は以前からあります。例えば、今、厚生労働大臣をしている舛添要一《ますぞえよういち》氏は、以前、北海道知事選挙に出ようとしたとき、「十億円かかる」と聞いてあきらめたそうです。それを何かで読んだことがあります。

もし、お金のかかる裏事情として、こうした票の売買が存在しているのであれば、許しがたい状況です。

そうであるならば、宗教団体をバックボーンとして、選挙に落ちても怖《こわ》くない人たちが立候補するのは、非常によいことだと思います。正論を堂々と吐《は》けるし、言いたいことを、遠慮《えんりょ》することなく、どんどん言うことができます。お金で票を買うぐらいだったら、そのほうがよいのです。

## 新人候補に不利にできている公職選挙法

「公職選挙法」や「政治資金規正法」には細々《こまごま》とした規定がたくさんありますが、基本的な趣旨《しゅし》は、「票を買収してはならない」ということでしょう。それ以外には、新しい候補者が選挙に公平に出られるようにするために、すなわち、すべての人が平等な同じスタートラインに立てるようにするために、いろいろな規則が設けられているのです。そして、「飲食を提供してはいけない」「買収してはいけない」など、いろいろな細かい規定がたくさんあるわけです。

公職選挙法等をつくった趣旨は、そういうことなのですが、私が条文を繰《く》り返し読んでみたかぎりでは、これは、現職議員にとって有利にできています。当選回数を重ねて、後援会《こうえんかい》組織や政治のプロ集団が出来上がっている場合には、「公職選挙法上、どのように処理すれば、うまくいくのか」ということを知っているからです。

その意味で、「初めて立候補する人にとっては非常に不利な状況になっている」と思います。公職選挙法の規定を見たら、誰《だれ》も立候補する気力が起きてこないでしょう。「あれも駄目《だめ》、これも駄目」という規定ばかりなのです。

例えば、私が幸福実現党立候補予定者の立ち会い演説を視察したときに、「幸福実現党の幟《のぼり》は立っていたが、立候補予定者の幟も一本ぐらい立てたらよいのではないか」と、党に問い合わせてみたところ、「法律上、それが可能かどうかについて、すぐには返答ができない」と言うのです。

既成《きせい》政党では、党名の裏側に自分の名前を勝手に印刷したりしているようなものもあるそうですが、本当はよく分からないものがたくさんあります。

公職選挙法は、趣旨としては、「買収するなかれ」ということと、「政治参加において平等にチャンスを与える」ということのためにあるわけなので、そのように、立候補者を怖がらせるものであってはならないと思います。

公職選挙法が、そういう意味を持つのであれば、これは悪法です。すでに、何回も当選して、〝選挙マシン〟が出来上がっているような人、あるいは、親・子・孫と何代にもわたって地盤《じばん》があるような人は、楽に立候補できます。「地盤のある人にとっては非常に楽であるが、初めての人の場合は難しい」ということなのです。

そうした、新しい人を参入させないような〝壁《かべ》〟が出来上がっているとしたら、これは悪法であり、改善の余地があると思います。

## 今こそ、幸福実現党が必要とされる時期

今、幸福の科学は、幸福の科学学園の創設、六作目の映画「仏陀再誕《ぶっださいたん》」の公開、海外での大伝道、政党の旗揚《はたあ》げと、四つも新しいことにチャレンジしており、日本では、非常に勢いのある宗教団体であると言えます。

物事には、「天の時、地の利、人の和」が、やはり必要です。天上界《てんじょうかい》から、「今がそのときだ」と告げられている以上、幸福の科学には、それに応《こた》える義務があると思います。幸福実現党が必要とされる時期が、今、来ているのです。それは、まもなく明らかになるはずです。

そういう意味で、ぜひとも、一議席でも多く獲得《かくとく》して、政党としてのかたちをつくり、当会の政策を実現できるようにしていきたいし、外国に対しても意見をもっと言えるような、強い後ろ盾《だて》としての勢力を持ちたいと考えています。

# 第5章

# 未来への道

# 1　国難のもとは政治家の心の乱れにあり

## この国の未来を憂《うれ》う

本書の最後に、「未来への道」と題して、現在、私が考えていることを述べたいと思います。

私は、今、この国のあり方と未来について、とても心配しています。憂《うれ》えているのです。近著『国家の気概《きがい》』（幸福の科学出版刊）のなかで、この国の外交指針、外交テキストになるようなことを書きましたが、私が憂慮《ゆうりょ》していることは、もっと深いところにあります。

結局、今、考えていることは、「人類の未来を、はたして変えることができるかどうか」という、この一点です。

幸福の科学は、宗教として一定の成功をすでに収めており、現在、特に、新しいリスクを冒《おか》さなければならない立場にはありません。また、幸福の科学が行っている仕事そのものも、十分に幅《はば》広く、重大なものであると思っています。

この世的に言うならば、今、私たちの持っている本務以外のところに、大きな勢力を割《さ》くような余裕《よゆう》が十分にあるわけではありません。

しかし、私には、ある種の「天命」があると信じています。

『国家の気概』の第1章で、「これからは構想力の時代である」と述べましたが、結局、その国の未来を構想することができるのは、ごく限られた人しかいません。そして、その国の未来を構想すると同時に、世界の未来をデザインするところまで行くとなると、その難度は、さらに高くなっていきます。

同書のなかに書かれている内容自体は、私自身の知識・経験だけで書いたものでは決してありません。幸福の科学支援霊団《しえんれいだん》からのさまざまな啓示《けいじ》を数多く含《ふく》んでいます。すなわち、人間の目には見えず、感じ取ることができない世界、「未来を見ることができる世界」からの啓示を含んだ内容となっているのです。

## 国を救うのも宗教の使命

あえて宗教に引き寄せて言うとするならば、今の私の立場は、時代は違えども、『立正安国論《りっしょうあんこくろん》』を書いた、鎌倉《かまくら》時代の日蓮《にちれん》と似ているかもしれません。

当時、元《げん》と高麗《こうらい》の連合軍が、日本に二回、戦いを挑《いど》んできました。元は、蒙古《もうこ》が今の中国を平定して建てた国であり、高麗は、当時、朝鮮《ちょうせん》半島にあった勢力です。この戦いは元寇《げんこう》といわれています。

しかも、当時の日本には飢饉《ききん》や疫病《えきびょう》などが流行《はや》っていて、さらに地震《じしん》等も起きていたようです。

飢饉というと古めかしい話になりますが、現在で言えば、「不況《ふきょう》」に当たるかもしれません。また、疫病というと昔の言葉のようにも聞こえますが、現代的に言えば、「パンデミック」などと言われているものに当たるかもしれません。

そして、日蓮は、このままでは元が攻めてくると予言し、『立正安国論』という一種の建白書を書いて、幕府の前執権《しっけん》・北条時頼《ときより》に提出しました。

「この国で、正しい法（法華経《ほけきょう》）が説かれず、邪教《じゃきょう》がはびこっていては、『金光明経《こんこうみょうきょう》』『薬師経《やくしきょう》』に書かれてあるとおりの国難が必ず起きるであろう。飢饉や疫病などの内憂《ないゆう》のみならず、外患《がいかん》も起きるだろう。まさしく、その状況《じょうきょう》が、今、起きようとしている」と考え、やむにやまれぬ気持ちで、時の幕府を諌《いさ》めるために、『立正安国論』を提出したのです。

もちろん、彼には、「国を救いたい」という気持ちが中心にあったと思いますが、その結果、幕府によって迫害《はくがい》され、伊豆流罪《いずるざい》（四十歳）になったり、竜ノ口《たつのくち》で首を斬《き》られかかったり、佐渡島《さどがしま》流罪（五十歳）になったりするなど、さまざまな法難《ほうなん》を呼んだのです。

その後、日蓮は赦免《しゃめん》となり、佐渡島から戻《もど》されていますが、その数カ月後、日蓮の予言どおり、元が日本に攻めてきたのです。

時代は違いますが、私の立場には、この日蓮と多少なりとも似ているところがあると思います。

もっとも、日蓮は、その当時、「『法華経』こそが正しい教えであり、それ以外のものは邪教である」と言っていました。鎌倉時代に流行っていたさまざまな宗教を全部否定して、「『法華経』だけが正しいので、ほかのものは否定せよ。『法華経』を国教にせよ」というようなことを幕府に言っていたと思います。

しかし、私の立場は、そういう極端《きょくたん》なものではありません。

私は、いろいろな宗教に対して一定の理解を示し、「ある程度、協力できるところは協力し、寛容《かんよう》に対処していく」という立場をとっています。この点は日蓮と大きく違います。

ただ、共通している点としては、「すべての物事は、人間の『心』から起きるものである」という認識のところが挙げられます。ここは一致《いっち》しているのです。

「国の乱れ」というものは、国を治める者の「心の乱れ」から起きています。戦争も、結局は、人間の持っているマイナス感情、怒《いか》りや憎《にく》しみ等の破壊《はかい》感情から起きてきます。「政治家など、統治する側にあるすべての者が、心を正しく保たなければ、国が乱れ、争いのもとになってくる」ということが言えるのです。

現在の日本においては、「『政治と宗教は分離《ぶんり》すべきである』という考え方が、現代的であり、合理的、科学的である」と思われがちですが、私は必ずしもそうは思いません。

やはり、「国を統治する側の人たちの心が正しくなければいけない」と思っています。正しい心でもって、政《まつりごと》としての政治を行わなければ、日蓮が警告した内憂外患ではありませんが、国は乱れ、さらに、いろいろな国難が来るのではないかと思います。

現在、日本の国においては、正しい心のあり方というものが、心底、信じられているような状況にはありません。どちらかといえば、その反対です。

かつては、大人の世界だけで存在した、悪しき想念、悪い考え方が、今や子供の世界にまで広がっています。高校生、中学生だけでなく、小学生あたりまでもが、大人と同じような心の荒廃《こうはい》を抱《いだ》いています。「子供までもが心の乱れを持っていて、この国が病《や》んでいる」という面があるのです。

そういう意味において、宗教が「国の浄化《じょうか》」に一役買うのは極《きわ》めて正当なことであると思います。

# 2　政治家は、誠心誠意、「国民の幸福」を考えよ

## 自民党にも民主党にも、この国の外交は任せられない

このたび、私自身の発案により、「幸福実現党」という政党を旗揚《はたあ》げしました。きっかけは、二〇〇九年四月三十日に私が幸福の科学の総合本部で行った、「幸福実現党宣言」という説法です。それ以前には立党など考えていませんでした。

ただ、昨年から、国の政治や経済、外交等を憂《うれ》える説法をしていたことからも分かるように、国政にも、強い関心は持っていました。というのも、海外伝道で、いろいろな国に行き、国際情勢等を見ながら、世界のなかの「日本のあり方」というものを考えていましたが、そういう視点から国内の政治を見たときに、「今、

日本は、非常に危《あや》ういところを舵取《かじと》りしている」と感じ続けていたからです。

そして、二〇〇九年四月には、北朝鮮《きたちょうせん》によるテポドン発射騒動《そうどう》が起きました。その後、北朝鮮は、五月には核《かく》実験や短距離《たんきょり》ミサイル発射を行い、さらに、今、長・中距離ミサイルの発射準備に入るなど、いろいろな実験に取りかかっているようです（六月七日時点）。

これに対し、日本の国政においては、自民党と民主党という二大政党の政権交代論ばかりが話題になっています。

今の自民党政権については、ある程度、外交面で評価し、支えてきたつもりではありますが、私の見るところ、残念ながら、すでに統治者能力は失いつつあるようです。

自民党には、主体的に判断し、決断し、行動できる人物が見当たりません。もし、そうした人材が隠《かく》れていたとしても、その人がイニシアチブをとれるような、党の状況《じょうきょう》ではありません。派閥《はばつ》の連合体として、運営が非常に困難な状況にあるかと思います。

一方、民主党については、今、政権獲得が間近に迫《せま》っているかのごとく報道されています。私は、もちろん、民主党の人たちがみな悪人だとは思っていません。

先ごろまで党首であった小沢一郎《おざわいちろう》氏に対しても、政治家としての一定の評価はしています。

ただ、残念ながら、彼には、見抜《みぬ》けていない部分があります。「構想力の面において、日本の外交の未来を構想する目において、狂《くる》いがある」という点は、どうしても指摘《してき》せざるをえません。私は宗教家の立場ではありますが、あえて、「小沢氏の外交方針だと、この国は非常に危険なことになる」ということを、昨年から述べているのです。

しかし、与党側《よとうがわ》の麻生《あそう》首相も、もう、そう長くはないでしょう。「前首相」か

「元首相」になる時期が近づいています。今、最後の〝輝《かがや》き〟を放っていますが、あと二、三年もしたら、小泉元首相と同じく、忘れられていく人だと思います。

昨年の秋に航空幕僚長《ばくりょうちょう》の更迭《こうてつ》事件がありましたが、そのあと、今年の春から、北朝鮮のテポドン発射や核実験、短距離ミサイル発射等が続いています。これを見ても分かるとおり、「国の最高指導者としての判断を明らかに間違《まちが》えた」と言うべきでしょう。危機感をまったく持っていなかったのだと思います。

## 財政再建を名目とした増税は「主権在民」の考え方に反する

経済面においても、やはり、政権与党は大きな間違いを犯しているのではないかと私は見ています。

「財政再建」という名目で増税路線を敷《し》こうと考えているようですが、それは、あくまでも、〝お上《かみ》の意識〟での考え方であるように思います。江戸《えど》時代に、お上は庶民《しょみん》から年貢《ねんぐ》を取り上げていましたが、その考えがいまだに続いていて、政府・自民党には、「主権在民」という考え方が入っていないようです。「主権在民」、あるいは「公務員は全体の奉仕者《ほうししゃ》である」という考え方をすっかり忘れ果て、「自分たちは税金を取って当然である」と考えているように思います。「自分たちは奉仕者である」という考え方など、持っていないのではないでしょうか。

日本国憲法のなかに、「天皇又《てんのうまた》は摂政及《せっしょうおよ》び国務大臣、国会議員、裁判官その他の公務員は、この憲法を尊重し擁護《ようご》する義務を負ふ。」（第九十九条）と書かれていることも、おそらくは忘れているのではないかと思います。

物事は、「国民の幸福」という観点から考えなければいけません。自分たちに都合がいいように物事を考えてはいけないのです。

税に対する考え方には、もちろん、「税金が多くなれば国が強くなる」という考えもあるでしょうが、「それは国民の痛みを伴《ともな》うものである」ということを基本的に知らなければいけません。

古代より、厳しい課税によって、さまざまな反乱や革命運動が数多く起きています。それは事実です。為政者《いせいしゃ》には庶民の苦しみが分からないことが多く、自分たちが「必要だ」と思う税金を一方的に課してくることがよくあるのです。

したがって、政治家は、国会議事堂や役所のなかから出て、街を歩き、人々の声を聴《き》かなければいけません。

今の政治家には、そうした「謙虚《けんきょ》さ」が足りないのではないでしょうか。「数さえあれば何でもできる」というような考え方を持ってはなりません。

私が、本章で、読者のみなさんに述べておきたいのは次のようなことです。

政治家は、もちろん、現代では専門知識を持たなくてはならないと思われており、それは否定しませんが、実は、もっと大事なものがあるのです。それは、

「誠心誠意、やっているか」ということです。

政治家は、「誠心誠意、国民のためにやっているか。本当に、正直に、国民のためにやっているか」ということが問われるものなのです。

自分自身の私利私欲や権力欲、地位欲、名誉《めいよ》欲のために政治をやっていないかどうか。その点について反省を迫る必要があるのではないかと思います。

もし、為政者が、今、自分の目で、デパートやスーパー、町の商店街などを調査に行き、「五パーセントの消費税を、十パーセント、十五パーセント、二十パーセントに上げると、どうなると思いますか」と、現実に数カ所で訊《き》いてみれば、答えはすぐに分かります。

どの店でも、「去年から、ものが売れなくなっている」と言っています。それにもかかわらず、政府は、「これから増税をしよう」と考えているのです。これは「主権在民」の考え方からいって間違っています。

## 政府は〝お上《かみ》〟ではなく、雇《やと》われマネージャーにすぎない

日本の財政赤字は、国と地方を合わせて九百兆円を超《こ》えています。しかし、同時に、政府には資産として計上されるものもあり、それが七百兆円弱あると言われています。例えば、借金をしてつくった道路や空港などは資産として残っているのです。この資産の部分と差し引きをすれば、赤字の部分は、多く見積もっても三百兆円程度です。

一方、国民は約一千四百兆円の金融《きんゆう》資産を持っています。

主権在民という立場から、この財政状況を分析《ぶんせき》すると、「国民の側が債権《さいけん》をたくさん持っている」ということになります。要するに、この国は潰《つぶ》れるはずがないのです。

潰れるのは、〝雇《やと》われマネージャー〟の経営陣《じん》（政府）だけであって、国民が

つくっている国家が潰れるわけではありません。潰れるべきは、雇われマネージャーの経営陣のほうです。

そして、「国家の経営陣は、どのようにつくり変えてもかまわない」というのが、日本国憲法で謳《うた》われている主権在民の趣旨《しゅし》です。主権は国民にあり、国民の考え方でもって、統治の機構は、いくらでも改造できるのです。

しかし、「自分たちはお上《かみ》であり、下々のものを従わせよう」という為政感覚を持っているのであれば、おそらく、そういう認識は持てないでしょう。

今、世間では、「政治家の世襲《せしゅう》が問題である」などと言われていますが、この世襲も、三代、四代、五代と続けば、現代の貴族制そのものになります。貴族制になれば、もう、国民の考えなどは分からなくなってしまうでしょう。だから、民主主義に反しているのです。今、そういう面が、かなり強くなっています。

# 3　国民を不自由にする法律はリストラせよ

## 公職選挙法の問題点

「現在、世襲《せしゅう》議員は現職の国会議員の三分の一以上もいる」と言われています。今回、幸福実現党を旗揚《はたあ》げするに当たり、公職選挙法を読んでみたところ、その理由がよく分かりました。

「選挙活動においては、これをしてはいけない」という禁止事項《じこう》のオンパレードであり、一般《いっぱん》の素人《しろうと》が簡単に立候補できるようなものではありません。「これをしたら警察に捕《つか》まる」という禁止事項ばかりが書かれていて、素人が立候補するのは、正気の沙汰《さた》ではないのです。

警察のご厄介《やっかい》にならずに政治家になれる人は、それこそ、親の代、祖父の代、あるいは、そのずっと前から政治家をやっていて、後援会《こうえんかい》事務所ができており、選挙のシステムが完璧《かんぺき》に出来上がっているような人たちです。こういう人たちは、安全に、安心して政治家になれるのです。

そもそも、公職選挙法の趣旨《しゅし》は、買収を禁止し、新しい人が立候補できるようにするところにあるはずです。立候補のチャンスを平等に与えるために、いろいろな制限を設けたものと思われます。

しかし、現実には、職業として政治家をしている人に有利であり、新しく立候補して出る人にとっては非常に不利な仕組みになっているのです。

そして、選挙に敗れた場合には、公職選挙法違反《いはん》で本人や関係者が逮捕《たいほ》されることもよくあります。時の政権が安泰《あんたい》であるように選挙の仕組みが出来上がっていると言わざるをえません。

これは、「政治家も、選挙に落ちれば、ただの人になってしまう」という恐怖《きょうふ》から出ている面が大きいと思います。

しかし、少なくとも、「政治を志した普通の人が、自由に立候補できるような条件を整える」ということは、民主主義の基本中の基本です。

したがって、選挙の仕組みを難しくしてはいけないと思います。

## 法律は、本来、人間を自由にするためにある

公職選挙法の例を出しましたが、法律については、これ以外にも、いろいろと問題は多いと思います。

国会が立法機関であるのは結構ですが、戦後六十数年間、法律をつくり続けたら、その数は増える一方です。私は『六法全書』を毎年買っていますが、年々、ページ数が増え、厚くなってきています。今後、どこまで増えていくのでしょう

か。

一度、法律もリストラをする必要があります。役に立たず機能していない法律等は間引いていかなければなりません。今は、立法するだけではなくて、時代遅《おく》れになったものを見直し、法を廃止《はいし》する仕事も必要であると思います。

無駄《むだ》な規制や、現代に合わなくなった規制を、次々に廃止していかなければ、形式的なものが積み重なっていき、がんじがらめになってしまいます。これは国民の幸福には寄与《きよ》しません。

法律の趣旨とは、ハイエク流に言うとするならば、「少なくとも法律さえ守っていれば、基本的には自由である。法律を犯さない範囲内《はんいない》においては、自由は担保される。法律は、人間を縛《しば》るためにあるものではなくて、実は、人間を自由にするためにあるのだ。その法律が事前に分かっていて、法律さえ犯さなければ、人間は、その範囲内で自由に生きてよい。仕事をしてよい。活動してよい」というものなのです。

したがって、法律が増えすぎ、いろいろなものが、がんじがらめになっているのは、やはり間違《まちが》っているのです。

そして、法律には抜《ぬ》け穴が数多くあります。政治を長くやっている人から見ると、抜け穴はたくさんあるようです。

例えば、新聞等では談合事件がときどき取り上げられていますが、本当は氷山の一角のようです。当会の経済的な基盤《きばん》を支えてくださっている信者の企業家《きぎょうか》に訊《き》いても、「現実に談合は行われている」と、はっきり言っています。

幸福実現党を応援《おうえん》するために、今まで支持していた政治家の後援会、あるいは後援会長を辞《や》めると、仕事を干されることもあるようです。

ある信者は、「公共事業が受注できるかどうかは、お上の声で、あらかじめ決まっているので、従来の後援会を辞めると、完全に干し上げられるでしょうが、それを覚悟《かくご》で幸福実現党を応援いたします。会社を潰《つぶ》さないように頑張《がんば》ります」と言っていました。

このように、すでに既得権《きとくけん》を握《にぎ》ったものが、それを維持《いじ》できるシステムが出来上がっていて、改革をするのは非常に難しくなっているようです。

## 4 「正しさ」のために命を懸《か》けよ

### 宗教家こそが堂々と正論を貫《つらぬ》ける

そうした状況《じょうきょう》下《か》において、幸福の科学は、あくまでも純粋《じゅんすい》に、「正しいものは正しい」と主張し続ける団体でありたいと思っています。

信者の一人ひとりに対しては、「正しき心の探究」を求めてきましたが、団体としても、やはり、「正しい国家目標、あるいは、正しい未来目標を追究していく姿勢」を持ち続けたいと思います。

そのことが、われわれの利益になるか、害になるかということは別にして、「冷静に考えてみて『正しい』と思うことは貫《つらぬ》く」という姿勢を守らなければならないと思うのです。

今回は、政党の立ち上げが急であったこともあり、宗教家の立場から立候補する人もかなりいます。ただ、そのことについて、引け目を感じる必要はないと私は思います。

むしろ、今、宗教家以外に、この世のいろいろなしがらみや利害関係にとらわれずに、堂々と意見を言える職業はほとんどないでしょう。たいてい何らかの利害が絡《から》んでいて、正論が言えない状況です。

当会は、学校の「いじめ問題」等にも取り組んできましたが、「学校の教員でさえ、このありさまか」とあきれるような、驚《おどろ》くべき状況でした。

ある小学校では、自分たちの立場を守るために、完璧《かんぺき》な情報統制がなされていたことがあります。いじめがあったにもかかわらず、学校側は、「いじめはなかった」と見事に嘘《うそ》をつき通し、そういう嘘を教職員全員で共有して固め、学校のなかに外部の人を一歩も入れようとしないのです。

「公務員は国民への奉仕者《ほうししゃ》、サーバントである」という考え方など、完璧にどこかに飛んでしまっていて、「自分たちの職業を守る」ということしか考えていません。いじめ問題に取り組んでみて、それがよく分かりました。「正論を貫き改革をしていくことが、どれほど難しいことであるか」ということです。

民主主義を担保するものとして、かつてはマスコミに大きな期待がかかっていたと思います。第１章でも述べましたが、アメリカ合衆国が建国されたころの、ジェファソン大統領は、「政府と新聞と、どちらを選ぶかといえば、新聞のほうを選ぶ」というようなことを言っています。古きよき時代は、そうであったと思います。

しかし、現代においては、マスコミもかなり巨大《きょだい》な組織になっていて、官僚《かんりょう》組織とほとんど変わらない動きをしているように、私には見えます。

マスコミは、「在野の精神」をもっと発揮して、自由な言論を出したほうがよいのではないでしょうか。報道内容については、経営体、あるいは〝官僚組織〟としての意思決定がなされているように思われます。

## 「永遠の生命」を信ずるならば、何も恐《おそ》れるものはない

この国は肥大化しすぎています。いろいろな法律やシステムが固まりすぎて身動きが取れず、自由な言論ができないような世の中になっているのであれば、この世の中をリメイク（つくり直す）しなければいけません。そういう時期が、今、

来ていると思います。

「勇気を持って、それができるのは、私たち宗教家ではないか」と、ひそかに自負しているところです。


宗教家は、はっきり言えば、「ばか」なのだと思います。

宗教家は、損なこと、命を取られるようなことを平気でするので、この世的には、ばかに見えるでしょう。

ばかだとは思うけれども、
しかし、人々が不幸になるのを見ていられないのです。

不正を見て、黙《だま》っていられないのです。

人々が悲惨《ひさん》な未来を享受《きょうじゅ》するのを、黙って見ていることができないのです。

それが宗教家です。
宗派を超《こ》えて、そうなのです。
キリスト教でも同じです。
イエスも『聖書』のなかで次のようなことを述べています。
「人のために命を捨てることよりも大きな愛はない」と。
そのとおりです。
世の中の見知らぬ人々のために、
命を捨てて行動することほど、
尊いものはないと思います。

われらは、信仰者《しんこうじゃ》として、永遠の生命を信ずるものです。
そして、この世は、あくまでも「魂《たましい》の学校」であり、人生修行のために生まれてきているのだと信ずるものです。
そうであるならば、何も恐《おそ》れることはありません。
この世は、あなたがたの魂を磨《みが》き、
あなたがたが、さまざまな苦難・困難に打ち克《か》って、
「素晴らしい世の中をつくっていこう」と努力するための「学校」なのです。
その学校のなかで、あなたがたが、
自分たちの利害にとらわれたり、
あるいは、卑怯者《ひきょうもの》になったりしないかどうか、
その魂の磨きを、今、試《ため》されているのだと思います。

これからも、さまざまな障害や困難があるとは思います。政党の旗揚《はたあ》げによって、個人で事業をしている人、大きな会社に勤めている人など、いろいろな人に、

さまざまなマイナスのこと、苦しいこと、悩《なや》ましいことが起きてくるかもしれません。あるいは、家庭のなかに波風が立つこともあるかと思います。

しかし、それが宗教です。宗教というものは、「正しさ」のために命を懸《か》けるものなのです。私も、そのつもりでやってきました。

## 気概《きがい》のない政治家は去れ

おそらく、世間の「常識」、〝かっこ付きの常識〟から見たら、ばかなことを言い、ばかなことをやっているように見えるのだろうと思います。

しかし、それでも、あえて、『国家の気概《きがい》』などの本を出し、政治家たちに物申しているのです。

気概のない政治家だらけです。

勇気のない政治家だらけです。
少し批判されると落選するから、
少し批判されると大臣をクビになるから、
言うべきことを言えないでいます。
まことに勇気がありません。
信念があるのならば、自分が「正しい」と思うことを言い通すべきです。
それだけの気概もないなら、政治家になるべきではありません。
私は、そう思います。
気概のある人に政治家になっていただきたいし、
信念を貫き通していただきたいと思います。
衆議院の解散が近づいていますが、政治家というものの仕事を見直し、そして、政治家を選び直す時期が、今、来ていると思います。

この国には、気概のない政治家など要《い》りません。国家のため、国民のため、そして世界のために、自分の命を投げ捨てるような、「気高い政治家」であっていただきたいと私は思います。

幸福実現党から、既成《きせい》の二大政党、および、その他の政党に対するチャレンジがなされることでしょう。結果は、さまざまに予想されますが、結果にとらわれることなく、信念を貫くことです。

正しさのために戦うことは宗教家の義務です。言うべきことを言い、通すべきものは通す。「信念のない者には、この国を動かす資格はない」ということを、声高らかに告げたいと思います。

ときには、激しい言論戦になることもあるでしょう。しかし、常に、「大義は何であるか」ということを考え、大いなる大義のために、勇気ある行動を取ることを望みます。

新しい政党の旅立ちを心から祝福し、政党の母体である「幸福の科学」の総裁として、幸福実現党を支援《しえん》することを、ここに誓《ちか》います。

# あとがき

迫《せま》り来る国難に備えるには、誰かが蛮勇《ばんゆう》を振《ふ》るって立ち上がらなければならない。

私は大過《たいか》なく一生を過ごせることをもって善としない。

世界最貧国《さいひんこく》の核ミサイルに脅《おど》されて、植民地化されることを何とも思っていない、この国の政治家たちに、『国恥《こくち》』という言葉を贈りたい。

内政問題に明け暮れて、世界の大局が読めない人たちに、この国は任せられない。この国のテレビ局が、「平壌放送《ピョンヤン》」の同時通訳のみ流し、「朝日新聞《あさひ》」が「朝日友好新聞《ちょうにちゆうこう》」と名を変え、「読売新聞《よみうり》」が、「売国新聞《ばいこく》」に改称《かいしょう》して生きのびる未来など見たくはないのだ。

勇気が試される時は今。未来への一条の光が、白い道が、勇気の前に現れてくることを信ずる。

二〇〇九年　七月

国師《こくし》　大川隆法《おおかわりゅうほう》

本書は左記の内容をとりまとめ、加筆したものです。

第1章　職業としての政治について

二〇〇九年五月二十八日説法
東京都・総合本部にて

第2章　諸葛亮孔明の提言

二〇〇九年五月二十九日霊示

第3章　迫り来る国難に備えよ
（原題　感動を呼ぶ生き方とは）

二〇〇九年五月三十一日説法
大阪市・インテックス大阪にて

第4章　勇気の試される時

二〇〇九年六月六日説法
東京都・八王子支部にて

第5章　未来への道

二〇〇九年六月七日説法
東京都・東京正心館にて

『政治に勇気を』大川隆法著作参考文献

『幸福実現党宣言』（幸福の科学出版刊）
『政治の理想について』（同右）
『国家の気概』（同右）
『勇気の法』（同右）
『仏陀再誕』（同右）
『ユートピア創造論』（同右）

政治《せいじ》に勇気《ゆうき》を ——幸福実現党宣言③——

2009年7月7日　初版第1刷

著　者　　大《おお》川《かわ》隆《りゅう》法《ほう》

発行所　　幸福の科学出版株式会社

〒142-0041 東京都品川区戸越1丁目6番7号
TEL(03)6384-3777
http://www.irhpress.co.jp/

印刷・製本　株式会社 堀内印刷所

落丁・乱丁本はおとりかえいたします

ISBN978-4-87688-352-3 C0031

大川隆法 最新刊・救国の緊急提言

最新刊！

国師・大川隆法
この国の未来を語る

# 政治の理想について

## 幸福実現党宣言②

- 幸福実現党の立党理念とは
- 政治の最高の理想は「自由の創設」
- 徳ある政治家の輩出を
- 個人の努力が報われる社会をつくる
- 日本三億人国家構想、交通革命について

1,800円



幸福の科学出版

## 大川隆法 ベストセラーズ・不況対策 第1弾・第2弾

# 朝の来ない夜はない

### 「乱気流の時代」を乗り切る指針

1,600円

- 「第二の世界恐慌」の発生を止めた日本
- なぜ、財政赤字でも
  アメリカは潰れないのか
- 緊迫するアジア情勢。日本はどうする?
- 大不況を乗り越える「必勝の戦略」とは
- 宗教対立とテロ問題を解決するには

第1章　朝の来ない夜はない
第2章　ニューヨークで考えたこと
第3章　必勝への道
第4章　仏国土ユートピアの実現
第5章　一日一生で生きよ

---

# 日本の繁栄は、絶対に揺るがない

### 不況を乗り越えるポイント

1,600円

- この不況は
  「ネットと携帯電話のバブル破裂不況」
- 30兆円の銀行紙幣の発行で
  景気は回復する
- 予算の「単年度制」改正で、
  財政赤字は解決する

第1章　不況を乗り越えるポイント
第2章　成功への道は無限にある
第3章　未来への指針
第4章　信仰と富
第5章　日本の繁栄は、絶対に揺るがない

幸福の科学

あなたに幸福を、地球にユートピアを――
宗教法人「幸福の科学」は、
この世とあの世を貫く幸福を目指しています。

幸福の科学は、仏法真理《ぶっぽうしんり》に基づいて、まず自分自身が幸福になり、その幸福を、家庭に、地域に、国家に、そして世界に広げていくために創られた宗教です。

「愛とは与えるものである」「苦難・困難は魂を磨く砥石《といし》である」といった真理を知るだけでも、悩みや苦しみを解決する糸口がつかめ、幸福への一歩を踏み出すことができるでしょう。

この仏法真理を説かれている方が、大川隆法総裁です。かつてインドに釈尊《しゃくそん》として生まれ、ギリシャにヘルメスとして生まれ、人類を導かれてきた存在、主エル・カンターレが、現代の日本に下生《げしょう》され、救世の法を説かれているのです。

主を信じる人は、どなたでも、幸福の科学に入会することができます。あなたも幸福の科学に集い、ほんとうの幸福を見つけてみませんか。

## 幸福の科学の活動

● 全国および海外各地の精舎《しょうじゃ》、支部・拠点等において、大川隆法総裁の御法話拝聴会、反省・瞑想《めいそう》等の研修、祈願などを開催しています。

● 精舎は、日常の喧騒《けんそう》を離れた「聖なる空間」です。心を深く見つめることで、疲れた心身をリフレッシュすることができます。

● 支部・拠点は、あなたの町の「心の広場」です。さまざまな世代や職業の方が集まり、心の交流を行いながら、仏法真理を学んでいます。

## 幸福の科学入会のご案内

◆ 精舎、支部・拠点・布教所にて、入会式にのぞみます。入会された方には、経典《きょうてん》「入会版『正心法語《しょうしんほうご》』」が授与されます。

◆ お申し込み方法等については、最寄りの精舎、支部・拠点・布教所、または左記までお問い合わせください。

**幸福の科学サービスセンター**
**TEL 03-5793-1727**
受付時間 火～金：一〇時～二〇時
土・日：一〇時～一八時

**大川隆法総裁の法話が掲載された、幸福の科学の小冊子**（毎月１回発行）

**月刊「幸福の科学」**
幸福の科学の
教えと活動がわかる
総合情報誌

**「ヘルメス・エンゼルズ」**
親子で読んで
いっしょに成長する
心の教育誌

**「ザ・伝道」**
幸福になる
心のスタイルを
提案

**「ヤング・ブッダ」**
学生・青年向け
ほんとうの自分
探究マガジン

幸福の科学の精舎、支部・拠点に用意しております。
詳細については下記の電話番号までお問い合わせください。

**TEL 03-5793-1727**

宗教法人 幸福の科学 ホームページ **http://www.kofuku-no-kagaku.or.jp/**